Leben mit Gott

Wenn der Himmel leise spricht

Christliche Erzählungen für Herz und Seele (Band 1)

⊕ tredition

Druck und Distribution im Auftrag des Autors:
tredition GmbH, Heinz-Beusen-Stieg 5, 22926 Ahrensburg, Germany

Kontaktadresse nach EU-Produktsicherheitsverordnung:
impressumservice@tredition.com

ISBN
Paperback   978-3-384-58462-5
Hardcover   978-3-384-58463-2
e-Book   978-3-384-58464-9

Inhaltsverzeichnis

Vorwort

Alle Geschichten in diesem Buch sind frei erfunden.

Sie entspringen der Vorstellungskraft und erzählen von etwas, das tiefer reicht als jede reale Begebenheit:

Von der Sehnsucht des Menschen nach Gott und von Gottes Suche nach uns.

Die Figuren, die dir hier begegnen, gibt es nicht wirklich. Aber ihre Fragen, ihre Kämpfe, ihre Hoffnungen, die könnten auch deine sein. Und der Gott, dem sie auf oft unerwartete Weise begegnen, ist kein literarisches Konstrukt.

Er ist lebendig. Wirklich. Gegenwärtig.

Diese Geschichten wollen nicht erklären, sondern berühren. Sie erzählen von Alltagssituationen, in denen sich das Unsichtbare zeigt, von inneren Prozessen, in denen der Glaube Form annimmt, von Momenten, in denen Menschen, manchmal zögernd, manchmal staunend, Jesus begegnen.

Denn wenn es einen Weg zum Vater gibt, dann führt er allein über Ihn: Jesus Christus, den Sohn Gottes. Er ist der rote Faden, der sich durch jede dieser Erzählungen zieht, mal leise, mal deutlich, aber immer als das Herzstück der Wahrheit, die diese Geschichten durchdringt.

Mögest du beim Lesen nicht nur neue Welten entdecken, sondern vielleicht auch eine neue Tiefe in deiner eigenen. Und möge der Ware und einzige Gott selbst dir darin begegnen.

Alles nur ein Zufall?

Ein Herz voller Zahlen

Zufall oder mehr? Der unglaubliche Glücksfall des David S.

David starrte auf die Schlagzeile der Online-Zeitung, die ihm eben ein Kollege weitergeleitet hatte. Darunter: ein unscharfes Foto von ihm aus dem Archiv, daneben ein Screenshot der aktuellen Lottozahlen.

Er griff mechanisch nach dem Lottoschein, der auf dem Tisch lag.

Sechs Kreuze. Alle richtig.

Wie beim letzten Mal. Und beim Mal davor.

Erst da rutschte ihm das Herz in die Hose.

Er lehnte sich langsam zurück, starrte an die Decke. Ein dumpfes Rauschen breitete sich in seinem Kopf aus, wie das Echo eines Gedankens, der noch keinen Namen hatte.

Drei Gewinne. Innerhalb von fünf Monaten.

Zufallszahlen. Jedes Mal.

Er hatte sich nicht einmal die Mühe gemacht, eigene Reihen auszuwählen. Das überließ er dem System. Denn für ihn war das Leben nichts weiter als eine Kette von Wahrscheinlichkeiten, berechenbar, kühl, erklärbar.

David war kein Träumer. Er glaubte an Formeln, nicht an Wunder. Als IT-Berater mit einem Faible für Statistik hatte er in seiner Freizeit schon zahllose Simulationen gebaut, um Wahrscheinlichkeiten zu analysieren, aus Neugier, aus Spieltrieb. Nicht, weil er glaubte, das System überlisten zu können.

Beim ersten Gewinn, damals waren es knapp eine Million, hatte er gelacht. Laut, frei, ungläubig. Vielleicht hatte er sogar ein wenig getanzt in der Küche.

Der zweite kam zwei Monate später. Fast doppelt so viel. Und da war ihm zum ersten Mal ein Gedanke durch den Kopf geschossen, den er sofort wieder weggeschoben hatte: Das ist nicht normal.

Aber er hatte weitergespielt. Einfach, weil es ein Ritual war.

Ein Klick. Zufallszahlen. Ticket gekauft. Aus, vorbei.

Und jetzt das. Der dritte Gewinn. Noch größer als die anderen.

Sein Handy vibrierte. Einmal. Dann noch einmal. Dann hörte es gar nicht mehr auf.

„Ey, hast du die Zahlen gesehen?! Das bist doch du, oder??"

„WIE BITTE?! Schon wieder?? Du bist entweder verrückt oder gesegnet"

„Sag ehrlich: Hast du jemanden bestochen?!"

„Mach doch 'nen Podcast: ‚Wie ich dreimal im Lotto gewann"

David las die Nachrichten, aber antwortete nicht.

Er fühlte sich leer. Und zugleich seltsam schwer.

Er stand auf, ging ein paar Schritte durch die Wohnung, setzte sich wieder.

„Das kann nicht sein", sagte er halblaut. „Das ist statistisch gesehen…"

Er brach ab. Er hatte es längst ausgerechnet.

Einmal zu gewinnen: 1 zu 139 Millionen.

Dreimal mit Zufallszahlen zu gewinnen?

Die Zahlen verschwammen vor seinen Augen.

„Wenn das Zufall ist, dann ist alles möglich. Dann ist auch nichts mehr sicher."

Er fuhr sich durch die Haare.

„Aber wenn es kein Zufall ist..."

Er sprach den Satz nicht aus.

Weil das, was danach kommen könnte, nicht in sein Weltbild passte.

Er war Atheist. Nicht aus Rebellion, sondern aus Überzeugung. Für ihn war Gott ein Konzept aus alten Büchern, geschaffen aus menschlicher Angst vor dem Unbekannten. Eine Krücke für die, die nicht mit dem Alleinsein klarkamen.

Und doch:

Jetzt saß er hier. Mit drei Lottoscheinen. Drei Gewinnen. Und einer inneren Unruhe, die nicht verschwinden wollte.

Im Kaffeehaus

Das Café war klein, gemütlich, mit dunklem Holz und großen Fenstern zur Straße hin. David mochte diesen Ort. Kein Großraumbüro, keine sterile Meeting-Luft, kein Flimmern von Beamerlicht, nur leise Musik, der Duft von frisch gemahlenem Kaffee und ein Ort, an dem Gespräche ehrlicher wirkten.

Er war früh dran. Wie immer. Ein stiller Platz am Fenster, der Blick auf das Leben draußen.

Normalerweise hätte ihn das beruhigt. Heute nicht.

Er legte den Mantel über den Stuhl, bestellte sich einen Espresso und nahm das Tablet zur Hand, um die Kundenpräsentation noch einmal durchzugehen. Eine mittelgroße Baufirma, sie wollten ihre gesamte IT umstellen, Serverstruktur, Sicherheit, Cloudanbindung. Es war ein großes Projekt. David war gut darin, solche Deals abzuschließen. Nicht, weil er aggressiv verkaufte, im Gegenteil. Er hörte zu. Fragte klug. Sprach so, dass sich der andere verstanden fühlte. Das war sein Talent.

Aber heute...

Seine Gedanken glitten immer wieder ab.

Drei Lottogewinne. Drei.

Seine Hände waren ruhig, doch sein Inneres war ein einziges Flimmern.

Der Kunde kam pünktlich. Freundlicher Händedruck, kurze Begrüßung.

David schaltete in den Modus, den alle an ihm schätzten: aufmerksam, souverän, charmant. Sie sprachen über Datenbanken, Schnittstellen, Sicherheitsarchitektur. David erklärte ruhig, was möglich war, und hörte mit echter Neugier, was der andere brauchte.

Aber mitten im Gespräch, als er gerade dabei war, eine technische Lösung zu skizzieren, blieben seine Augen kurz an der Kaffeetasse hängen.

„Warum ausgerechnet ich?"

Der Gedanke kam aus dem Nichts. Wie ein flüchtiger Schatten auf der weißen Tischdecke.

Er sprach weiter, zeigte eine Beispielgrafik, doch innerlich schob sich eine andere Zahl dazwischen:

3.872.000 Euro.

„David? Sind Sie noch bei mir?"

„Ja, entschuldigen Sie. Ganz bei Ihnen." Er lächelte entschuldigend.

Das Gespräch lief weiter, fast reibungslos. Doch als der Kunde schließlich ging, mit einem festen Händedruck und dem Satz „Ich melde mich nächste Woche mit einer Entscheidung", fühlte sich David wie jemand, der gerade zwei Rollen gleichzeitig gespielt hatte.

Er blieb sitzen. Nahm das Handy. Scrollte durch die Nachrichten.

Kurz überlegte er, jemandem zu schreiben. Aber niemand schien der Richtige zu sein.

Dann, fast ohne nachzudenken, tippte er auf einen Namen, den er sonst selten anwählte.

Miriam, seine Schwester.

Sie nahm nach dem dritten Klingeln ab.

„David? Du rufst ja mitten am Tag an. Ist alles okay?"

Er zögerte kurz. Dann atmete er ein.

„Ich... ich hab wieder gewonnen."

„Gewonnen?"

„Lotto. Zum dritten Mal."

Stille.

„Wie bitte?"

„Ja. Es war heute in den Nachrichten. Schon wieder sechs Richtige. Ich hab nicht mal die Zahlen selbst gewählt... Zufallsreihe. Wie immer."

„Ach du meine Güte. Davon hab ich nichts mitbekommen. Ich schau kaum Nachrichten."

„Ich weiß", sagte David.

Sie schwieg einen Moment, dann sagte sie ruhig:
„David... es gibt keine Zufälle."

Der Satz traf ihn härter als erwartet.

Er schluckte.

„Du meinst, das soll irgendwas heißen?"

„Ich sag nur: Es gibt jemanden, der dich nicht aus den Augen lässt. Vielleicht will er, dass du endlich hinhörst."

„Ich weiß nicht mal, worauf ich hören soll."

„Dann fang an zu fragen."

Es war ruhig am anderen Ende. Nur ihr Atem. Und seiner.

„Ich ruf dich später nochmal an", murmelte er schließlich.

„Mach das", sagte sie. „Und David, ich bete für dich."

Er legte auf. Stützte sich mit beiden Händen auf die Tischkante.

„Es gibt keine Zufälle..."

Die Worte hallten in ihm nach wie ein Ruf in einem stillen Raum.

Plötzlich erinnerte er sich an etwas. Eine alte Kiste im Wohnzimmerregal. Unter ein paar CDs und verstaubten Erinnerungen. Und darin, Die Kinderbibel.

Die alte Bibel

Es war später Nachmittag, als David nach Hause kam.

Draußen war es still geworden, als hätte selbst der Tag aufgehört, Fragen zu stellen. In der Wohnung war alles wie immer. Ordentlich. Reduziert. Klare Linien, wenig Schnickschnack. Nur das Bücherregal war alt. Eines der wenigen Dinge, die er aus der alten Wohnung seiner Eltern behalten hatte.

Er stand einen Moment davor.

Suchte nicht direkt, aber seine Hand wusste wohl mehr als er selbst.

Sie glitt über die Buchrücken, zögerte kurz, dann zog sie einen schmalen Band hervor.

Ein hellblauer Einband. Leicht ausgefranst an den Ecken.

„Meine erste Bibel" stand in goldenen Buchstaben darauf.

Er hatte sie seit Jahren nicht mehr in der Hand gehabt. Vielleicht seit Jahrzehnten nicht.

Er setzte sich auf das Sofa. Die Bibel in den Händen.

Zuerst blätterte er nur wahllos. Die Seiten knisterten leise, als wollten sie sich selbst an ihre Worte erinnern.

Dann blieb er plötzlich hängen.

Nicht, weil er etwas suchte. Sondern weil sein Blick an etwas haften blieb.

Sprüche 16, Vers 9:

„Das Herz des Menschen denkt sich seinen Weg aus, aber der HERR lenkt seine Schritte."

David starrte auf die Zeile.

Ein Kloß formte sich in seiner Kehle.

Darunter, in seiner alten, krakeligen Kinderschrift, stand mit Bleistift:

„Was, wenn Gott uns einfach heimlich lenkt?"

Er musste leise lachen. Es klang rau.

Was hatte ihn damals geritten, das da drunter zu schreiben?

Langeweile wahrscheinlich. Er erinnerte sich noch gut an die verregneten Schultage, an die morgendlichen Andachten, an den Pastor mit der brummenden Stimme.

Er hatte oft in dieser Bibel herumgekritzelt, mehr um sich abzulenken als aus Interesse.

Doch dieser Vers, diese Zeile.

„…aber der HERR lenkt seine Schritte."

Er las sie noch einmal.

Und noch einmal.

Und dann saß er einfach nur da, die Bibel aufgeschlagen auf dem Schoß, den Blick leer auf die gegenüberliegende Wand gerichtet.

Drei Lottogewinne. Ein Satz seiner Schwester. Eine vergessene Notiz.

„Was passiert hier gerade…?" flüsterte er.

„Ist das wirklich alles nur Zufall?"

Seine Stimme war kaum hörbar. Aber sie war da.

Zum ersten Mal klang sie nicht mehr so sicher.

Nicht mehr wie ein Mann, der sich alles erklären kann.

Die schlaflose Nacht

Die Nacht kam leise.

Keine besonderen Geräusche. Kein Gewitter. Kein Lärm von der Straße. Nur das gleichmäßige Ticken der Uhr im Flur, das ihm plötzlich wie eine Mahnung vorkam.

David lag im Bett, die Decke bis zur Brust hochgezogen, die Augen offen.

Das Licht hatte er längst gelöscht, aber der Schlaf kam nicht. Er kam nicht mal in die Nähe.

Sein Blick wanderte zur Decke, dann zu dem leichten Leuchten der Digitaluhr auf dem Nachttisch. 2:43 Uhr.

Er seufzte leise. Und dann kamen sie wieder, die Gedanken, wie Wellen, die sich nicht bitten lassen.

Er dachte zurück an den Tag, an dem er mit 19 beinahe in einen Autounfall geraten wäre. Auf der Landstraße. Es hatte geregnet, er war zu schnell gewesen, eine Kurve zu spät gesehen. Er erinnerte sich noch genau, wie das Auto kurz die Kontrolle verlor, und dann, wie durch ein Wunder, auf dem Seitenstreifen zum Stehen kam. Unbeschadet.

Damals hatte er es „pures Glück" genannt.

Aber ein Teil in ihm hatte gezögert.

Dann war da dieser Moment im Studium. Zweites Semester. Er war finanziell am Ende gewesen, ein Missverständnis mit dem Bafög-Amt, falsche Fristen, keine Unterstützung. Drei Tage vor Monatsende kam ein Brief: eine Nachzahlung, die er gar nicht beantragt hatte.

Ein Kollege im Sekretariat hatte sich „aus Versehen" für ihn eingesetzt.

Er hatte sich bedankt. Und dann nie wieder darüber nachgedacht.

Und dann, vor vier Jahren.

Seine schwerste Zeit.

Die Firma stand auf der Kippe. Die Aufträge waren ausgeblieben. Er hatte sich durchgebissen, Stunde um Stunde. Und dann kam plötzlich dieser Großkunde, eine Weiterempfehlung, die ihn gerettet hatte.

Er hatte es „Netzwerk-Logik" genannt. Strategie. Beziehungen.

Aber war es das wirklich gewesen?

David drehte sich auf die Seite.

Die Decke knisterte leise, als er sich bewegte.

Die Gedanken rissen nicht ab.

Immer wieder kam er zurück zu diesem einen Satz:

„Es gibt keine Zufälle."

Was, wenn Miriam recht hatte?

Was, wenn all das, die Gewinne, die alten Erinnerungen, selbst dieser Vers in der Bibel, kein Durcheinander war, sondern ein Mosaik?

„Wenn da wirklich jemand ist…", flüsterte er in die Dunkelheit, „…warum ich?"

Sein Herz schlug schneller. Nicht aus Angst. Sondern, weil sich etwas regte in ihm, das er nicht kannte. Eine Ahnung. Eine Stille, die voller Fragen war.

Er griff nach der Bibel, die noch auf dem Nachttisch lag.

Blätterte blind.

Seine Augen blieben an einem Vers hängen, ganz unten auf der Seite:

„und rufe mich an am Tag der Not, so will ich dich erretten, und du sollst mich ehren!" (Psalm 50,15)

David schloss die Augen.

Keine Tränen. Keine Antworten. Nur Stille.

Aber es war eine andere Stille als sonst.

Nicht leer.

Nicht kalt.

Eine, in der etwas wartete.

Der Tag danach

Der Morgen war hell.

Die Sonne drang durch die halb geöffneten Vorhänge und legte goldene Streifen auf den Boden. David saß am Küchentisch, vor sich eine Tasse Kaffee, dampfend, stark, schwarz wie immer.

Er starrte gedankenverloren aus dem Fenster.

Die schlaflose Nacht lag hinter ihm wie ein dichter Nebel, durch den sich erste Sonnenstrahlen tasteten. Er hatte nicht wirklich Antworten gefunden, aber dafür umso mehr Gedanken.

Jetzt, am Morgen, versuchte er sich einzureden, dass es einfach ein seltsamer Tag gewesen war. Nichts weiter. Ein bisschen Aufregung, zu viele Nachrichten, ein Satz seiner Schwester, ein alter Bibelvers. Dinge, die sich verselbständigt hatten.

„Es war Zufall. Es ist immer Zufall."

Er sagte es halblaut, als wolle er sich selbst davon überzeugen.

Er nahm einen Schluck Kaffee, stand auf und ging ins Wohnzimmer.

Die Konto-App auf dem Smartphone öffnete sich mit einem Fingerdruck.

6,1 Millionen Euro.

Er starrte auf die Zahl.

So viel Geld. Und doch, er fühlte sich kein Stück reicher.

Beim ersten Gewinn hatte er sich geschworen, nichts zu verändern. Keine große Reise, kein neues Auto. Er hatte ein paar Schulden getilgt, ein wenig gespendet, eine schicke Kaffeemaschine gekauft. Mehr nicht.

Beim zweiten Gewinn hatte ihn sein Chef direkt gefragt, ob er dennoch bleiben würde.

Er hatte gelacht. „Natürlich. Ich liebe, was ich tue. Ich denke analytisch, ich rede gern mit Menschen. Warum sollte ich aufhören?" Und es war ehrlich gewesen.

Doch jetzt, mit diesem dritten Gewinn, lag eine neue Frage in der Luft:

Warum ich?

Und noch dringlicher: Was soll ich damit tun?

Er zog sich an, ließ das Auto stehen und ging zu Fuß zur Arbeit.

Es war ein milder, fast warmer Morgen. Die ersten Vögel sangen, die Bäume im Park zeigten zartes Grün, als wollten sie versprechen, dass bald alles wieder neu wird.

David ging langsam. Die Gedanken begleiteten ihn.

Was, wenn er etwas aufbauen würde? Ein Projekt, das Sinn machte. Eine Stiftung vielleicht. Oder Menschen helfen, die es schwer hatten.

Oder, das zu tun, was seine Schwester oft erwähnt hatte: in andere Leben investieren.

Aber war das nicht genau die Falle? Die Idee, dass Geld eine Art Berufung sein könnte?

Er schüttelte leicht den Kopf.

„Ich bin Atheist. Ich glaube nicht, dass irgendwer da draußen mir eine Aufgabe gegeben hat."

Doch der Satz klang hohl.

Wie etwas, das er früher gesagt hatte und jetzt nur noch wiederholte.

Als er das Firmengebäude erreichte, blieb er kurz vor der Tür stehen.

Irgendetwas sagte ihm, dass da drinnen heute kein gewöhnlicher Tag auf ihn wartete.

Und tatsächlich, sobald er durch das Foyer trat, hörte er schon die ersten Stimmen.

Ein paar Kollegen standen flüsternd beisammen, versuchten verlegen, normal zu wirken.

Er trat in den offenen Bürobereich.

Dann: Applaus. Lachen.

Jemand rief: „Der Glückskönig ist da!"

Ein kleiner Tisch war geschmückt mit Muffins, einer aufblasbaren Goldkrone und einem handgeschriebenen Schild:

„Wenn es einer schafft, dann du. Dreimal! Du bist offiziell unser Wahrscheinlichkeitswunder."

David lachte.

Es war ehrlich. Und zugleich seltsam fremd.

Dann tauchte sein Chef hinter einem Glastrenner auf, klopfte ihm auf die Schulter.

„Sag mal, David… du bleibst aber trotzdem, oder?"

David lächelte.

„Klar. Heute ist ein guter Tag zum Arbeiten."

Doch tief in ihm spürte er, dass diese Antwort nur die halbe Wahrheit war.

Die Begegnung im Park

Die Mittagspause war warm und sonnig.

Ein seltener Frühlingstag mitten im April, als hätte sich das Wetter ebenfalls entschieden, David zu feiern. Zwei Kollegen begleiteten ihn. Markus aus der Technik und Leif vom Vertrieb. Beide mit Kaffeebechern in der Hand, die Sonnenbrille locker auf dem Kopf, bereit für ein bisschen Frischluft zwischen Meetings und Codezeilen.

Sie schlenderten durch den nahegelegenen Stadtpark, redeten über laufende Projekte, Kunden, ein neues Softwareupdate, das nicht so lief wie gedacht. David hörte zu, antwortete hier und da, doch seine Gedanken schwebten leicht versetzt, wie eine zweite Tonspur unter dem Gespräch.

Nach ein paar Minuten fanden sie eine freie Bank.

David ließ sich nieder, streckte kurz die Beine aus und schloss für einen Moment die Augen. Die Sonne wärmte sein Gesicht. Die Stimmen seiner Kollegen plätscherten wie Wasser im Hintergrund.

Dann hörte er Schritte.

Langsam. Schleppend.

Er öffnete die Augen.

Ein alter Mann näherte sich, stützte sich auf einen Gehstock, trug eine Mütze und einen abgewetzten Mantel. Seine Bewegungen waren gemessen, fast würdevoll. David beobachtete, wie er sich ihnen näherte, dann ganz ruhig auf der Bank gegenüber Platz nahm.

Markus redete gerade über einen nervigen Kunden, Leif lachte leise, keiner der beiden schien den alten Mann wahrzunehmen.

David wollte sich wieder dem Gespräch zuwenden. Doch da geschah es.

Der Alte hob den Kopf, sah ihn direkt an, mit einem Blick, der durch Haut und Knochen zu gehen schien, und sagte mit ruhiger, klarer Stimme:

„Manchmal schenkt Gott einem dreimal dieselbe Antwort, damit wir endlich anfangen, die Frage zu stellen."

Ein Satz.

Nicht mehr.

Aber er traf David wie ein Blitz.

Er war sich sicher: Der Mann hatte ihn gemeint. Ihn.

Seine Gedanken rasten. Seine Atmung veränderte sich kaum merklich.

„Was…?"

Er sah wieder auf, doch die Bank war leer.

„Warte…", flüsterte David.

Er sprang auf. Schaute sich um.

Links, nur ein Spaziergänger mit Hund. Rechts, eine Mutter mit Kinderwagen. Der Weg war gerade, übersichtlich, offen.

„Das kann nicht sein… der war doch gerade noch…"

Markus und Leif sahen verwirrt zu ihm auf.

„Alles okay, David?"

„Ich… ich dachte nur, ich hätte jemanden gesehen, den ich kenne."

Seine Stimme klang weit weg.

Er blickte sich noch einmal um. Der Alte war verschwunden.

Und bei dem Tempo, mit dem er gegangen war, das war schlicht unmöglich.

Der Park war weitläufig, ja, aber offen. Keine dichten Büsche, keine Seitenpfade, keine plötzlichen Ausgänge.

„Wo bist du hin…?" flüsterte David.

Er setzte sich wieder, langsam, während seine Kollegen weiterplauderten, als wäre nichts geschehen.

Doch in ihm war etwas geschehen.

Ein Satz hallte in ihm nach, ruhiger als ein Gedanke, tiefer als ein Gefühl:

„Damit wir endlich anfangen, die Frage zu stellen."

Einladung zum Geburtstag

Er hatte es fast vergessen.

Die Einladung zum Abendessen bei Miriam. Ihr Geburtstag.

Erst als er am Nachmittag eine Nachricht sah, ein Familienfoto, lachend, mit dem Untertitel „Danke für jeden einzelnen Moment heute", traf es ihn.

Miriam hatte gestern nichts gesagt. Kein Hinweis. Kein „Vergiss nicht, morgen…". Vielleicht wollte sie nicht drängen. Vielleicht hatte sie gehofft, er würde von allein kommen.

David seufzte.

Er schämte sich ein wenig. Nicht, weil er etwas verpasst hätte, sondern weil es so typisch war. Er dachte an vieles, an Zahlen, Projekte, Geldbewegungen, aber die einfachen Dinge übersah er zu oft.

Jetzt war es fast sechs Uhr. Schnell duschen, Hemd, Jackett. Kein großes Geschenk, aber er hatte beim Bäcker noch einen besonderen Kuchen besorgt, handgemacht, mit Schokoladenglasur. Miriam hatte so etwas immer geliebt.

Als er vor dem kleinen Reihenhaus stand, hörte er schon Stimmen.

Kinderlachen, das durch die Fenster drang, das Klirren von Geschirr, eine Gitarre irgendwo im Hintergrund.

Er klingelte. Die Tür öffnete sich mit einem Schwung.

Seine Nichte fiel ihm fast in die Arme. „Onkel David! Du bist da! Mama hat gesagt, vielleicht kommst du doch noch!"

Er lachte und hob sie kurz hoch. „Na klar. Ich würde deinen Kuchen doch nie verpassen."

„Es gibt heute keinen Kuchen", sagte sie ernst. „Es gibt Lasagne. Und dann Schokopudding!"

Miriam trat dazu, umarmte ihn fest.

„Ich hab mich gefreut, dass du kommst."

„Ich hab's fast verschwitzt", gab er zu. „Aber ich bin froh, dass ich da bin."

Sie nickte. „Das zählt."

Im Wohnzimmer war es warm und voll.

Ein paar Freunde saßen auf dem Sofa, am Esstisch wurde noch gedeckt. Ihr Mann, Jonas, begrüßte ihn herzlich. David mochte ihn. Ruhig, freundlich, irgendwie stabil. Einer dieser Menschen, die keine großen Reden halten mussten, um etwas auszustrahlen.

„Setz dich einfach dazu", sagte Jonas. „Wir machen's gleich gemütlich."

Die Kinder liefen umher, jemand spielte kurz ein Lied auf der Gitarre, es wurde gelacht, geplaudert.

David fühlte sich ein wenig fremd, aber nicht ausgeschlossen.

Er beobachtete mehr, als dass er sprach.

Dann kam das Essen auf den Tisch.

Lasagne, Salat, frisch gebackenes Brot.

Alle setzten sich. Stimmen verstummten. Jonas hob die Hände leicht.

„Ich würde gern beten."

Alle beugten automatisch die Köpfe. Auch David, mehr aus Reflex als aus Überzeugung.

Jonas sprach ruhig, ohne Pathos:

„Vater im Himmel, danke für diesen Tag. Für das Leben, das du Miriam geschenkt hast, für jede Begegnung, für jedes Lächeln heute. Danke, dass wir essen dürfen, lachen, miteinander sein. Und danke, dass du keinen einzigen von uns aus dem Blick verlierst, auch dann nicht, wenn wir dich noch nicht sehen."

Ein kurzes Amen.

Stühle ruckten, Besteck klirrte.

Doch David saß noch einen Moment lang unbewegt da.

„…auch dann nicht, wenn wir dich noch nicht sehen."

Der Satz hatte ihn getroffen.

Wie der im Park.

Wie der Vers in der Bibel.

Er hob langsam den Blick und sah Jonas an. Der redete bereits mit einem anderen Gast, lachte leise. Ganz normal.

Aber in David war nichts mehr ganz normal.

In der Küche

Die Gespräche im Wohnzimmer waren lebhaft geworden, eine Mischung aus Kinderstimmen, Lachen und Musik. Doch in der Küche war es still.

David lehnte an der Arbeitsplatte, die Arme verschränkt, den Blick auf das Fensterglas gerichtet, hinter dem sich die Nacht langsam über die Dächer legte.

Miriam kniete vor der Spülmaschine, räumte das Geschirr ein, Teller für Teller, mit ruhigen, geübten Handgriffen.

„Miriam?", sagte David leise.

Sie sah kurz auf. „Hm?"

„Ich muss dir was erzählen. Ich... ich weiß nicht, ob's seltsam klingt. Aber gestern, nach unserem Telefonat... da hab ich diese alte Kinderbibel gefunden. Und ich hab sie aufgeschlagen. Einfach so."

Miriam richtete sich langsam auf, drehte sich halb zu ihm.

David fuhr fort, ohne sie direkt anzusehen:

„Der Vers... ‚Das Herz des Menschen denkt sich seinen Weg aus, aber der HERR lenkt seine Schritte.' Und ich hatte da... eine alte Notiz von mir selbst drunter. Irgendwas Gekritzeltes, aber es hat mich getroffen. Und heute, in der Pause, da war dieser alte Mann im Park. Er hat sich einfach auf die Bank gesetzt und gesagt:

‚Manchmal schenkt Gott einem dreimal dieselbe Antwort, damit wir endlich anfangen, die Frage zu stellen.'"

Er hielt inne, sein Blick blieb auf der dunklen Fensterscheibe haften.

„Sag mal... ist das noch normal? Oder dreht mein Verstand durch, weil ich zum dritten Mal gewonnen hab?"

Miriam legte ein Handtuch zur Seite, ihre Augen ruhig, wachsam.

Sie wollte gerade antworten, da ging die Tür auf.

Jonas kam lachend herein, mit einem Stapel benutzter Gläser in den Händen.

„Na, hier seid ihr also! Ich hab schon gedacht, ihr versteckt euch. Hey David, alles okay? Oder machst du dir Sorgen wegen dem dritten Gewinn?"

David erstarrte.

Der Satz traf ihn wie ein Schlag in die Magengrube.

Er sah Jonas an, direkt in die Augen. „Was hast du gerade gesagt?"

Jonas blinzelte, stellte die Gläser vorsichtig in die Spüle.

„Na ja... du wirkst irgendwie abwesend. Und ich mein, dreimal Lotto. Da kann man schon mal ins Grübeln kommen, oder?"

David lachte leise, aber da war keine Leichtigkeit mehr in seinem Ton.

„Ihr habt euch abgesprochen, was? Die ganze Welt redet plötzlich in Rätseln mit mir."

Jonas und Miriam warfen sich einen kurzen, stummen Blick zu. Kein wissender, kein überlegener. Nur ein verständnisvoller.

Dann sagte Jonas ruhig:

„Vielleicht liegt's nicht an der Welt. Vielleicht hörst du gerade einfach zum ersten Mal richtig hin."

Stille.

David ließ die Schultern ein wenig sinken. „Aber warum jetzt? Warum ich?"

„Weißt du", sagte Miriam, während sie sich neben ihn lehnte, „ich glaub nicht, dass Gott dir einen Plan vor die Füße wirft wie eine Gebrauchsanweisung. Er lädt dich ein, Fragen zu stellen. Und dann ist er geduldig genug, dir in deinem Tempo zu antworten."

„Aber wie merkt man, dass es wirklich Gott ist?"

Jonas antwortete:

„Wenn es tiefer trifft als jeder Gedanke. Wenn du merkst, dass es dich nicht loslässt. Dass es mehr ist als Zufall oder Gefühl."

David nickte langsam.

„Und wenn ich gar nicht weiß, was ich fragen soll?"

Miriam lächelte. „Dann fang genau damit an. Sag ihm das. Ganz ehrlich. Er hat kein Problem mit ehrlichen Fragen. Nur mit Gleichgültigkeit."

David schwieg.

Aber in ihm war etwas aufgegangen. Kein Feuer. Kein Lichtstrahl vom Himmel. Nur ein kleiner, leiser Riss im Beton seiner Überzeugungen. Und durch diesen Riss drang zum ersten Mal etwas durch, das sich nicht erklären ließ.

Der Heimweg

Die Straßen waren still geworden.

Nur das rhythmische Knirschen seiner Schritte auf dem Kiesweg begleitete ihn, als David den Heimweg antrat. Es war später geworden, als er gedacht hatte. Der Himmel spannte sich dunkelblau über die Dächer, die Luft war kühl, aber nicht unangenehm.

Die Laternen warfen weiche Lichtinseln auf den Gehweg, und irgendwo in der Ferne bellte ein Hund.

Er ging langsam, den Mantelkragen leicht hochgeschlagen, die Hände in den Taschen. Keine Musik, kein Handy. Nur Gedanken.

Das Gespräch in der Küche klang noch nach.

Nicht laut, aber tief.

Wie ein leises Echo, das sich nicht abschütteln ließ.

„Vielleicht hörst du gerade einfach zum ersten Mal richtig hin."

„Sag ihm das. Ganz ehrlich."

David blieb kurz stehen. Eine Bank am Wegesrand, halb verborgen unter einem blühenden Baum, lud zum Verweilen ein.

Er setzte sich.

Vor ihm: der nächtliche Park, friedlich, fast regungslos.

Über ihm: die Sterne, vereinzelte Punkte in der Dunkelheit.

Er sah hinauf.

Und dann, ganz leise, ohne jedes Zeremoniell, sprach er. Nicht laut. Nicht einmal flüsternd. Nur in Gedanken.

„Also... falls du das wirklich warst. Falls du's warst, mit dem Vers, dem Alten im Park, mit Jonas... dann... dann weiß ich nicht, was du willst. Ich versteh's nicht. Noch nicht. Aber... ich frag mich. Und das ist neu. Vielleicht... reicht dir das für den Anfang."

Sein Herz klopfte schneller.

Nicht vor Angst.

Vor Ehrlichkeit.

Er schloss die Augen für einen Moment.

Kein Licht. Kein Zeichen.

Aber etwas in ihm wurde still. Nicht leer. Sondern... ruhig.

Dann stand er auf.

Der Wind war kühl geworden, strich sanft über sein Gesicht.

David ging weiter.

Langsam. Schritt für Schritt.

Vielleicht nicht mehr allein.

Die Erkenntnis

Der Samstag begann still.

Kein Wecker. Keine Termine. Nur das Licht, das langsam durch die Vorhänge fiel und den Raum in weiches Gold tauchte. David lag noch eine Weile wach, den Blick zur Decke gerichtet.

Sein Körper war ruhig, aber in seinem Kopf war Bewegung.

Nicht hektisch. Nicht drängend.

Eher wie ein Fluss, der langsam Fahrt aufnahm.

Früher war der Samstag sein Tag zum Abschalten gewesen. Kaffee, Mails, vielleicht ein bisschen Sport. Alles geordnet, kontrolliert. Aber heute war es anders.

Er stand auf, machte sich einen Kaffee, doch der Geschmack schien weiter entfernt als sonst.

Seine Gedanken kehrten immer wieder zurück zur gestrigen Nacht. Zu dem Gebet auf der Bank. Zu dem stillen Gefühl, das geblieben war.

„Vielleicht reicht dir das für den Anfang."

Er hatte es einfach gesagt. Oder gedacht. Ohne große Worte.

Und dennoch, es fühlte sich an wie ein Anfang.

Wenig später saß er wieder auf dem Sofa, die Bibel auf dem Schoß.

Er hatte sie heute früh fast automatisch aus dem Regal genommen, ohne Plan, ohne Absicht. Einfach, weil sie da war. Weil sie ihn nicht mehr losließ.

Er blätterte. Langsam. Nicht suchend. Eher lauschend.

Dann fiel sein Blick auf eine Stelle, die ihm vertraut vorkam.

Psalm 139.

Er las:

„Von allen Seiten umgibst du mich und hältst deine Hand über mir."

Er hielt inne.

Ein kurzer Stich im Brustkorb. Nicht schmerzhaft. Nur tief.

Er las weiter, Zeile für Zeile, und jede schien wie ein Antwort auf einen Gedanken, den er selbst noch nicht ganz zu Ende gedacht hatte:

„Ich danke dir dafür, dass ich erstaunlich und wunderbar gemacht bin; wunderbar sind deine Werke, und meine Seele erkennt das wohl!"

David lehnte sich zurück, hielt das Buch geöffnet in den Händen.

Seine Gedanken schweiften zurück zu der Bank im Park, zur Stille, zu den Worten, die er gesprochen hatte.

Und plötzlich wurde ihm etwas klar.

Es ging nicht darum, alles zu verstehen. Nicht darum, ein Beweissystem aufzubauen oder mit Logik den Himmel zu messen.

Es ging darum, sich finden zu lassen.

Vielleicht war der dritte Gewinn kein Signal. Sondern eine Einladung.

Nicht zu etwas, das man kontrollieren kann. Sondern zu etwas, dem man sich öffnet.

Er schloss die Bibel.

Sein Blick blieb noch einen Moment auf dem Einband liegen.

Dann stand er auf und ging ans Fenster.

Draußen spielten Kinder. Irgendwo bellte ein Hund. Die Welt war noch dieselbe, und doch war sie für ihn nicht mehr gleich.

Etwas hatte sich verändert. In ihm.

Die Einladung

David stand noch immer am Fenster, als er das Handy zur Hand nahm.

Er hatte lange überlegt, ob er anrufen sollte. Aber der Wunsch, jemanden einzubeziehen, war stärker als der Zweifel. Und es gab nur eine Person, die er gerade wirklich sprechen wollte.

Er wählte Miriams Nummer.

Es dauerte nur zwei Töne.

„Hey du", sagte sie. Ihre Stimme klang warm, vertraut, wie immer.

„Hi", sagte er. „Ich… ich hoffe, ich stör nicht."

„Natürlich nicht. Alles okay?"

David schwieg kurz, dann atmete er tief durch.

„Ich glaube, ich fang an, Fragen zu stellen."

Am anderen Ende war es still. Keine Überraschung. Kein Jubel. Nur ein leises, ehrliches:

„Erzähl."

Er begann zu berichten, vom Psalm, den Versen, der Stille in seinem Innern, die plötzlich nicht mehr leer war. Von dem Gedanken, dass es vielleicht nicht um Kontrolle geht. Sondern um Offenheit.

Miriam hörte einfach zu.

Und als er fertig war, sagte sie nur:

„Ich hab gebetet, dass du irgendwann soweit bist. Nicht, dass du alles verstehst. Nur dass du anfängst zu fragen."

„Und was jetzt?", fragte David leise. „Was soll ich… tun?"

Miriam zögerte keinen Moment.

„Komm morgen mit in den Gottesdienst. Nur mal schauen, zuhören. Nichts Verpflichtendes. Nur sein."

David nickte, als könne sie es durchs Telefon sehen.

„Okay… ja. Ich glaub, ich möchte das."

„Super", sagte sie. Und nach einem kurzen Moment fügte sie hinzu:

„Es geht nicht darum, dass du alles sofort glaubst. Es geht darum, dass du dich berühren lässt."

David schloss die Augen.

„Ich bin schon mittendrin, fürchte ich."

Sie lachte leise.

„Dann sehen wir uns morgen um zehn. Ich reservier dir einen Platz."

David legte auf.

Draußen fiel ein Sonnenstrahl schräg durch die Wolken.

Er wusste nicht, was ihn erwartete. Aber zum ersten Mal in seinem Leben hatte er das Gefühl, nicht mehr allein auf der Suche zu sein.

Nicht allein mit seinen Fragen.

Nicht allein mit seinem Weg.

Er war eingeladen worden.

Vielleicht nicht nur von seiner Schwester.

Der erste Gottesdienst

Der Sonntagmorgen war ruhig.

Nicht anders als sonst, und doch spürte David, dass heute etwas Besonderes vor ihm lag. Keine Nervosität, keine große Erwartung. Aber eine Wachheit in ihm, wie ein leises inneres Vibrieren.

Er hatte sich schlicht angezogen, nichts Besonderes.

Ein bisschen früher als nötig verließ er das Haus, fuhr mit dem Auto durch die noch schläfrige Stadt und parkte schließlich vor einem kleinen, hellen Gebäude am Rande eines Wohnviertels.

Die Gemeinde war kein großes Kirchenhaus, eher ein umgebautes Ladengeschäft mit Glasfront, schlichtem Logo und einem kleinen Schriftzug auf einem Aufsteller draußen:

„Herzlich willkommen, du bist gesehen."

Miriam winkte ihm bereits vom Eingang aus zu. Jonas stand daneben, begrüßte andere Besucher mit Handschlag und freundlichem Lächeln. Kinder liefen umher, jemand spielte drinnen schon leise auf einem Keyboard.

David trat ein.

Warme Farben. Einfache Stühle. Keine Kanzel, keine Orgel.

Nur ein Raum, der nicht beeindrucken wollte, sondern einladen.

Er setzte sich neben Miriam, in der dritten Reihe.

Jonas blieb mit den Kindern weiter hinten. Ein paar Dutzend Leute waren da, manche jung, manche älter, manche in Jeans, manche im Sommerkleid. Niemand beäugte ihn. Niemand musterte ihn.

Und doch hatte David das Gefühl, gesehen zu werden.

Nicht von den Menschen. Von jemand anderem.

Nach zwei einfachen Liedern, die viele mitsangen, trat ein Mann nach vorn. Um die fünfzig, dunkles Hemd, ruhiger Blick. Kein Showmensch.

„Guten Morgen", begann er.

„Ich hatte eine andere Predigt vorbereitet. Aber gestern Abend hatte ich den Eindruck, ich soll heute über etwas anderes sprechen. Vielleicht ist es nur für einen Einzelnen hier. Vielleicht bist du es. Und wenn ja, dann will Gott dir heute sagen: Ich hab dich nicht vergessen."

David spürte, wie ihm langsam der Atem stockte.

„Manchmal glauben wir, das Leben läuft einfach so. Zufall. Glück. Pech. Entscheidungen. Und doch, tief drin spüren wir: Da ist mehr. Da ist jemand, der lenkt. Nicht mit Zwang, nicht mit Gewalt. Sondern mit Liebe."

Der Pastor machte eine Pause.

Seine Stimme war nicht laut, aber klar.

„Vielleicht hast du in den letzten Wochen etwas erlebt, das du dir nicht erklären kannst. Etwas, das dich zum Nachdenken bringt. Vielleicht hast du Fragen gestellt. Leise. In der Nacht. Vielleicht sogar auf einer Parkbank."

David blinzelte.

Sein Herz schlug hart gegen die Brust.

„Und Gott sagt dir heute: Ich habe dich gehört. Ich habe dich gesehen. Und ich war es, der dich geführt hat. Nicht, weil du es verdient hättest, sondern weil du mein Kind bist."

Ein Satz.

Und in David brach etwas auf. Nicht laut. Kein Tränenstrom.

Nur ein stilles, tiefes Erkennen:

„Er meint mich."

Er saß still da, die Hände auf den Knien, den Blick gesenkt.

Niemand sah ihn an. Niemand sprach ihn direkt an.

Aber in ihm war etwas geschehen.

Nicht der Glaube an ein Prinzip.

Sondern das erste Flackern einer Beziehung.

Ein paar Jahre später

Es war ein klarer Herbstmorgen.

Die Bäume im Stadtpark trugen ihr goldenes Kleid, der Wind spielte sanft mit den Blättern, und auf der alten Bank nahe dem Hauptweg saß ein Mann, der lächelte.

David Stein.

An seiner Seite lag eine Mappe mit Unterlagen, ein Notizbuch, ein Kugelschreiber. Nichts Besonderes, und doch bedeutungsvoll. Denn genau hier, auf dieser Bank, hatte vor ein paar Jahren alles begonnen.

Er erinnerte sich gut an diesen Tag.

An das erste Gebet.

An die Predigt.

An das Gespräch mit dem Pastor, in einem kleinen Nebenraum, in dem kein Druck, aber sehr viel Wahrheit war.

„Woher wussten Sie das alles?", hatte David gefragt.

Der Pastor hatte gelächelt. „Ich wusste gar nichts. Aber Gott kennt dich. Er wollte, dass du's endlich erfährst."

Und dann hatte er ihm erklärt, was Buße wirklich bedeutete, nicht bloß Reue, sondern Umkehr. Ein neues Leben beginnen, aus freien Stücken.

David hatte an jenem Sonntag sein altes Denken losgelassen. Und sich entschieden, auf diesen Gott zu vertrauen, der ihn dreimal gerufen hatte, mit Zahlen, mit Worten, mit Liebe.

Heute war vieles anders.

Er lebte noch immer in derselben Stadt. Er war weiterhin als Berater tätig, aber nicht mehr Vollzeit denn er hatte sich Schritt für Schritt verändert, war gewachsen, im Vertrauen, in der Geduld, im Herzen. Den Großteil seiner Energie steckte er in etwas anderes:

Die „Stiftung Lebenszeit", ein Ort für alte Menschen, die oft vergessen wurden. Mit Tagespflege, Besuchen, Gesprächsangeboten und kleinen Wundern im Alltag.

Er hatte sein Vermögen dafür eingesetzt. Nicht, um sich ein Denkmal zu setzen, sondern um das weiterzugeben, was ihm selbst geschenkt worden war: Aufmerksamkeit. Würde. Gesehenwerden.

Er sah, wie eine ältere Dame langsam über den Weg kam, mit einer Begleiterin an der Seite. Er winkte ihr zu. Sie lächelte.

Man kannte ihn hier. Nicht als „den Lottomillionär". Sondern als David.

Den Mann, der zuhört. Der da ist.

Er lehnte sich zurück, blickte nach oben in die Baumkronen.

Ein einzelnes Blatt löste sich und schwebte langsam zu Boden.

Früher hätte er gesagt: Zufall.

Heute wusste er: Geführt.

Er schloss die Augen und flüsterte leise:

„Danke, dass du nicht aufgehört hast, mich zu Rufen."

ENDE

Der Waschsalon

Mittwoch, 16 Uhr - Der Takt der Waschmaschinen

Der Geruch von Waschmittel lag wie eine stille Erinnerung in der Luft, frisch, aber zugleich altvertraut, wie das Einatmen eines Ortes, den man nicht liebt, aber braucht. Die Fenster beschlugen von innen, feine Tropfen zogen sich zäh über das Glas. Draußen ein grauer Himmel, der nicht wusste, ob er regnen oder einfach nur hängen wollte.

Marie trat ein. Ihre Schritte waren leise, mechanisch. Sie hatte die gleiche schwarze Stofftasche bei sich wie jeden Mittwoch, darin zwei Hosen, drei Blusen, ein Schlafanzug. Alles sauber gefaltet, als müsse Ordnung das wieder gutmachen, was das Leben ihr genommen hatte.

Sie nickte der Frau hinter der Glasscheibe kurz zu, keine Begrüßung, nur ein stummes Ritual. Dann ging sie zu Maschine 4, legte die Wäsche hinein, füllte das Waschmittelfach, stellte 60 Grad ein und drückte auf Start. Dieselbe Abfolge. Jede Woche. Seit fast drei Jahren.

Ein paar Minuten später kam er.

Herr Baumann. Ein schlanker Mann, graues Haar, schlichte Kleidung, als hätte er sich selbst längst auf das Wesentliche reduziert. Seine Brille saß tief auf der Nase, die Augen ruhig, wach. Er trug eine Tasche mit kariertem Muster, aus der regelmäßig ein Buch ragte. Manchmal las er, manchmal sah er nur auf die rotierende Trommel. Heute las er nicht. Er setzte sich auf den Stuhl am Fenster, dieselbe Haltung wie immer: Rücken gerade, Hände im Schoß, Blick auf nichts Bestimmtes.

Sie war sich nicht sicher, ob er sie jemals bewusst angesehen hatte. Und doch wusste sie, dass er sie kannte. Nicht beim Namen, aber im Rhythmus.

Sie waren zwei Fremde, die sich in einer Stunde am Mittwoch begegneten. Jede Woche. Immer um 16 Uhr. Ohne Absprache. Ohne Grund. Und doch wurde der Waschsalon zu einem Ort, an dem ihre Einsamkeit für kurze Zeit ein Echo bekam.

Die Maschinen surrten. Ein Trockner klapperte leise. Eine Frau kam und ging. Die Tür öffnete sich, schloss sich, und das Licht darüber flackerte kurz.

Marie setzte sich. Zwei Stühle Abstand. Immer.

Sie holte ihr Buch aus der Tasche, schlug es auf, las nicht wirklich. Die Buchstaben verschwammen manchmal. In ihrem Inneren war Sie sehr aufgewühlt.

Das Rattern der Maschinen war gleichmäßig, fast hypnotisch. Sie hatte mal irgendwo gelesen, dass rhythmische Geräusche beruhigend auf das Nervensystem wirkten. Bei ihr funktionierte das nur bedingt. Die Welt in ihr war selten ruhig.

Sie blickte kurz auf. Herr Baumann saß da wie immer. Sein Blick war auf einen Punkt zwischen Fensterrahmen und Heizkörper gerichtet. Oder vielleicht auch nirgendwohin. Er hatte eine dieser Haltungen, die man nur entwickeln konnte, wenn man gelernt hatte, mit sich allein zu sein.

Marie fragte sich manchmal, was ihn hierherbrachte. Sein Äußeres wirkte gepflegt. Die Kleidung schlicht, aber sauber. Die Tasche ordentlich gepackt. Kein Mensch, der seine Wäsche nicht auch zuhause hätte waschen können. Es war fast, als käme er wegen etwas anderem. Oder vielleicht jemandem.

Sie wandte sich wieder ihrem Buch zu, zwang sich, einen Absatz zu lesen. Verstand kaum den Inhalt. Es war ihr drittes Mal mit diesem Roman, und sie kam über Seite 57 nicht hinaus.

Plötzlich vibrierte ihr Handy. Sie schrak leicht zusammen, griff danach, sah auf das Display. Keine Nachricht. Nur eine Erinnerung: „Wäsche, 16 Uhr."

Als hätte sie's vergessen können.

Sie schob das Handy zurück in die Tasche, seufzte leise und lehnte sich zurück. Der Stuhl unter ihr quietschte ein wenig. Sie merkte, dass sie unruhig war, ohne sichtbaren Grund. Oder vielleicht doch.

Das Fenster beschlug langsam. Draußen zogen Passanten vorbei, manche mit Tüten, manche mit Regenschirmen. Einer blieb kurz stehen, um in den Waschsalon zu blicken, dann ging er weiter.

Herr Baumann schob leise seinen rechten Ärmel hoch, sah auf die Uhr, dann wieder nach vorne. Keine Bewegung sonst. Keine Regung im Gesicht. Und doch wirkte er nicht unnahbar. Eher wie jemand, der das Schweigen kannte und es nicht fürchtete.

Nach exakt 48 Minuten hörte die Maschine auf zu schleudern. Ein langer, tiefer Ton.

Marie stand auf, ging wie immer zielgerichtet zu Gerät Nummer 4, öffnete die Tür, dampfender Geruch von frischer Wäsche stieg ihr entgegen. Warm. Reinigend. Und gleichzeitig völlig bedeutungslos.

Sie stopfte die Kleidung in den Korb. Nicht lieblos. Aber auch nicht mit Hingabe.

Dann stellte sie sich an den Trockner. Derselbe wie immer. Zwei Maschinen von Herrn Baumann entfernt. Während sie wartete, blickte sie ein weiteres Mal zu ihm hinüber.

Da kreuzten sich ihre Blicke. Nur einen Moment lang. Er nickte ihr freundlich zu. Ganz leicht.

Marie blinzelte überrascht, erwiderte den Gruß, wenn auch zögerlich. Es war das erste Mal. Kein Lächeln. Aber ein Nicken. Und ein Augenblick, der anders war als alle vor ihm.

Dann wandte sie sich ab. Tat so, als hätte sie nach etwas in der Tasche gesucht.

Aber in ihr blieb etwas zurück.

Etwas, das sich nicht in Worte fassen ließ. Noch nicht.

Mittwoch, 16 Uhr - Das Waschmittel fällt

Der Himmel war bleiern. Einer dieser Nachmittage, an denen das Licht nicht wirklich Tag war, aber auch nicht Nacht. Alles war irgendwie dazwischen.

Marie hetzte nicht, aber sie ging schneller als sonst. Der Tag im Laden war laut gewesen. Eng. Kunden, die ihre schlechte Laune an ihr abgeladen hatten wie volle Einkaufswagen. Als sie die Tür zum Waschsalon aufstieß, atmete sie erst einmal tief durch.

Drinnen war es warm. Und ruhig.

Der vertraute Geruch aus Reinigungsmitteln, heißem Wasser und einem Hauch von etwas Altbekanntem empfing sie wie ein abgenutzter Mantel.

Herr Baumann war schon da.

Er saß an seinem Platz. Dasselbe ruhige Bild wie immer. Diesmal hielt er ein Buch in der Hand, las konzentriert. Oder tat zumindest so.

Marie nickte kaum merklich. Ging zur Waschmaschine Nummer 4. Tasche öffnen. Fach aufziehen. Waschmittel greifen.

Es glitt ihr aus der Hand.

Die Flasche prallte auf den Boden, der Deckel sprang ab, ein milchiger Schwall zog sich über die grauen Fliesen.

„Verdammt", flüsterte sie und kniete sich sofort hin. Der Geruch von konzentriertem Waschmittel brannte in der Nase. Ihre Finger glitten über den rutschigen Film, während sie nach einem Tuch kramte, das nicht da war.

Ein paar Schritte näherten sich.

„Hier", sagte eine ruhige Stimme.

Sie blickte auf. Herr Baumann stand neben ihr, hielt ihr ein paar Papiertücher hin, ordentlich gefaltet, wie aus einem Café.

Marie sah ihn überrascht an, dann nahm sie sie wortlos. Wischte. Zögerlich. Ihre Wangen brannten ein wenig.

„Das passiert mir auch ständig", sagte er leise, fast verschwörerisch. Ein feines Lächeln lag in seinem Gesicht, ohne jede Überheblichkeit.

Marie musste, gegen ihren Willen, leicht schmunzeln. „Wirklich? Ich dachte, Sie seien einer von den Stillen mit System."

„Ich bin Lehrer", erwiderte er. „Ich bin gut im Erklären. Aber ich verschütte regelmäßig Kaffee, Tinte und... offenbar auch gelegentlich Mitgefühl."

Ein winziger Moment Stille. Dann schauten sich beide an, zum ersten Mal wirklich.

Nicht nur aus dem Augenwinkel. Nicht nur flüchtig.

„Danke", sagte Marie leise.

„Gern", sagte er. Und blieb noch einen Augenblick stehen, ehe er sich wieder setzte.

Marie beendete das Säubern, füllte den Rest des Waschmittels nach und startete die Maschine.

Als sie sich auf ihren Platz zurücksetzte, bemerkte sie, dass der Abstand zwischen ihren Stühlen heute kleiner war. Nicht absichtlich. Aber auch nicht zufällig.

Herr Baumann hatte sein Buch wieder in der Hand. Doch diesmal blätterte er nicht.

Marie blickte aus dem Fenster.

Die Tropfen liefen in dünnen Linien über die Scheibe. Ihre Gedanken waren stiller als sonst.

Und irgendwo in ihr, da war ein leiser Riss. Kein Schmerz. Kein Licht. Nur ein Riss.

Und durch diesen Riss drang zum ersten Mal ein leises „Vielleicht".

Mittwoch, 16 Uhr - Fenster aus Worten

Der März ließ sich Zeit mit dem Frühling. Es war heller als letzte Woche, aber das Licht hatte noch keine Wärme.

Marie trat ein, wie immer pünktlich. Die Türglocke klang heute lauter. Oder vielleicht war es auch nur ihr Innenohr, das sensibler war als sonst.

Herr Baumann war schon da.

Er saß wie gewohnt auf dem zweiten Stuhl rechts vom Fenster, die Jacke ordentlich über der Lehne, das Buch aufgeschlagen auf dem Schoß.

Er hob den Blick, als sie hereinkam, und diesmal nickte er nicht nur, sondern sagte:

„Guten Tag, Frau…?"

Ein zögerndes Lächeln.

Marie stockte kurz. Dann antwortete sie leise:

„Marie. Nur Marie."

Sie hielt inne.

„Und Sie sind Herr…?"

„Baumann", sagte er. „Aber ehrlich gesagt, mir reicht auch nur ‚Herr'."

Sie musste schmunzeln.

Ein zaghafter Beginn. Kein Gespräch, aber eine Brücke.

Sie nahm Platz. Nicht mehr ganz mit zwei Stühlen Abstand. Eine Sitzfläche dazwischen blieb, aber nicht aus Prinzip.

Heute war es einfach so.

Die Maschinen begannen zu laufen. Das gleichmäßige Drehen, das rhythmische Rauschen, es bildete den Hintergrund für eine neue Stille. Keine drückende. Eine gespannte.

Wie zwischen zwei Sätzen, die noch nicht gesprochen waren.

Marie blickte auf das Buch in seinen Händen.

„Was lesen Sie?"

Ihre Stimme war ein wenig kratzig, als hätte sie den ganzen Tag geschwiegen.

Herr Baumann hob das Buch leicht an. „Rilke. Briefe an einen jungen Dichter."

„Oh." Sie nickte.

Dann: „Das klingt... traurig."

„Ist es auch. Und ehrlich. Manchmal muss es das sein."

Marie schwieg. Der Satz hatte in ihr nachgehallt. Ehrlich, das war sie lange nicht mehr gewesen. Nicht zu sich. Nicht zu anderen.

„Ich hab früher viel gelesen", sagte sie leise, „aber inzwischen... geht es nicht mehr so gut. Ich verliere den Faden. Immer."

Herr Baumann sah sie nicht direkt an, aber seine Stimme war warm:

„Vielleicht liegt es nicht am Buch. Vielleicht liegt es daran, dass manche Gedanken zu laut sind, um leise lesen zu können."

Sie lächelte schwach. „Das könnte sein."

Ein Moment verging. Der Trockner summte auf. Jemand draußen ließ ein Fahrrad an der Wand klacken.

Dann sagte sie plötzlich, ohne lange nachzudenken:

„Haben Sie Kinder?"

Er schien nicht überrascht.

„Ja. Zwei. Beide erwachsen. Wohnen außerhalb. Ich sehe sie selten, aber bald öfter. Ich gehe bald in Rente."

„Und dann?", fragte sie.

„Dann ziehe ich zu ihnen. Sie haben mir ein kleines Zimmer gebaut. Einen Anbau mit Blick auf den Garten. Ich glaube, sie wollen sicherstellen, dass ich genug Gemüse esse."

Er lächelte, und in seinen Augen lag ein Anflug von Wehmut.

„Ich freue mich. Aber ich werde diesen Ort vermissen. Den Mittwoch. Die Ruhe."

Marie sah ihn an. Und zum ersten Mal seit langer Zeit fühlte sie sich gesehen. Nicht durchschaut. Nicht bemitleidet. Nur... wahrgenommen.

„Ich hätte nie gedacht, dass ich mit jemandem im Waschsalon mal einen Satz über Gemüse sprechen würde", sagte sie.

„Ich auch nicht", antwortete er. „Aber es sind oft die kleinen Orte, an denen die Welt zu atmen beginnt."

Wieder Stille.

Dann standen sie beide fast gleichzeitig auf, als ihre Maschinen zum Stillstand kamen.

Als Marie an ihm vorbeiging, sagte sie leise:

„Bis nächsten Mittwoch."

Herr Baumann nickte.

„Bis nächsten Mittwoch, Marie."

Und sie lächelte. Zum ersten Mal so, dass es in ihrem Gesicht mehr veränderte als nur den Mund.

Mittwoch, 16 Uhr - Der Riss

Es war einer dieser Tage, an denen der Körper funktioniert, aber die Seele nicht mitkommt.

Marie stand im Waschsalon, die Tasche in der Hand, und fühlte sich, als wäre sie gleichzeitig zu früh und zu spät. Der Raum war wie immer, vertraut, neutral, sicher. Und doch zitterte etwas in ihr.

Herr Baumann war noch nicht da.

Das war neu.

Sie stellte ihre Tasche auf die Bank, nahm sich Zeit beim Auspacken, als könnte sie damit eine Lücke füllen. Als er schließlich die Tür öffnete, fünf Minuten nach ihr, atmete sie unmerklich auf.

„Verzeihung", sagte er, „die Straßenbahn hatte eine Panne. Und ich habe mir angewöhnt, nicht mehr zu hetzen."

Marie nickte nur. Aber es tat gut, ihn zu sehen.

Verlässlichkeit war ein kostbares Gut geworden.

Als sie sich setzte, hatte sie das Gefühl, dass etwas an diesem Tag anders war, nicht in ihm, sondern in ihr.

Die Gedanken waren wirr. Ihr Herz schwer. Die Welt zu laut gewesen. Ein Kollege hatte heute einen Spruch gemacht, halb im Spaß: „Marie, du schaust, als wärst du irgendwo gestorben und nie ganz zurückgekommen."

Er hatte gelacht.

Sie nicht.

Jetzt saß sie da, starrte auf das Fenster, das beschlagen war, obwohl es draußen nicht einmal besonders kalt war.

Die Waschmaschine brummte. Das Licht flackerte kurz.

Herr Baumann sah sie aus dem Augenwinkel an.

Er sagte nichts.

Marie schluckte.

Ihre Hände zitterten leicht. Sie verschränkte sie im Schoß, zwang sie zur Ruhe.

„Manchmal frage ich mich, ob das je wieder aufhört", sagte sie plötzlich. Ihre Stimme war kaum mehr als ein Hauch.

Herr Baumann drehte sich ihr leicht zu. „Was?"

„Das... Ziehen. Innen. Dieses Gefühl, dass alles nur ein Deckel ist. Und darunter brennt es."

Er schwieg. Wartete.

Dann sagte er:

„Manche Schmerzen hören nicht auf. Sie verändern nur ihr Gesicht. Aber das heißt nicht, dass sie dich für immer besitzen müssen."

Marie blickte ihn an.

Ihre Augen glänzten, ohne dass Tränen fielen.

Sie öffnete den Mund, schloss ihn wieder. Dann holte sie Luft.

„Ich hatte zwei Kinder", flüsterte sie.

Es war das erste Mal, dass sie es laut aussprach, seit... seit es passiert war.

„Zehn und zwölf. Jungen. Ich bin gefahren. Es war ein Sonntag. Wir wollten nur zum See. Ich habe nur einen Moment... nur einen Moment nicht aufgepasst."

Herr Baumann sagte nichts. Er sah sie einfach nur an, mit einer Ruhe, die nicht unangenehm war, sondern tragfähig.

„Mein Mann... hat nie wieder mit mir gesprochen. Nicht wirklich. Er hat mich angeschaut, als wäre ich der Tod. Und ich..."

Sie schluckte.

„Ich glaube, ich habe ihn verstanden."

Dann wurde es still.

Die Maschinen surrten. Eine Socke hatte sich an die Scheibe der Trommel geklebt, als wollte sie zuhören.

Herr Baumann lehnte sich leicht nach vorne.

„Ich weiß nicht, was man auf so etwas sagen kann", begann er leise. „Aber ich glaube... wenn wir aufhören zu atmen, obwohl wir noch leben, dann verlieren wir nicht nur uns. Sondern auch das, was die anderen in uns gesehen haben."

Marie sah ihn fragend an.

„Vielleicht wollte Ihr Mann nicht, dass Sie leben. Aber Ihre Kinder hätten es gewollt. Davon bin ich überzeugt."

Sie schlug die Augen nieder.

Ein Zittern ging durch ihre Schultern.

Dann, ganz plötzlich, als würde sie nicht mehr dagegen ankämpfen:

Tränen.

Kein Schluchzen. Kein Drama. Nur ein stilles, fast unmerkliches Brechen.

Herr Baumann reichte ihr ein Taschentuch. Wieder diese gefalteten, ordentlichen.

Marie nahm es. Drückte es an die Augen.

Dann flüsterte sie:

„Es tut mir so leid."

Mittwoch, 16 Uhr - Die leise Frage

Die Woche war wie durch Milchglas vergangen. Marie hatte funktioniert, wie sie es gewohnt war. Früh aufstehen, Arbeit, Menschen bedienen, Pausen überspringen, heimkommen, schweigen. Und irgendwo dazwischen: der Gedanke an den Mittwoch. An das Sitzen. An ihn.

Als sie an diesem Nachmittag die Tür zum Waschsalon öffnete, fühlte sich die Wärme im Raum beinahe willkommen an. Der Geruch nach frischem Waschmittel, der Dampf über den Maschinen, vertraut.

Herr Baumann war bereits da.

Sie nickte ihm zu, er erwiderte die Geste, diesmal mit einem sanften Lächeln, das nicht wissen wollte, sondern einfach nur da war.

Marie legte ihre Sachen wie immer in Maschine 4, startete das Programm und setzte sich neben ihn. Diesmal ohne Zwischenstuhl.

Keine Worte. Aber ein stilles Einverständnis.

Die Minuten verstrichen.

Dann war es Herr Baumann, der zuerst sprach.

„Ich habe letzte Woche viel an Sie gedacht."

Sie drehte den Kopf, sah ihn kurz an. Ihre Augen waren klar, aber müde.

„Es war mir unangenehm", sagte sie. „Dass ich so... aufgebrochen bin. Es war nicht geplant."

„Manches darf nicht geplant sein, Marie", antwortete er leise.

„Manches muss einfach gesagt werden, damit man wieder atmen kann."

Sie nickte.

Dann blickte sie auf seine Hände, die ruhig auf seinem Buch lagen.

„Haben Sie eigentlich...", sie zögerte, suchte nach dem richtigen Wort, „jemals an so etwas geglaubt? Dass... irgendwas größer ist als das hier?"

Sie deutete vage in den Raum. Waschmaschinen. Neonlicht. Mittwochsnachmittage.

Herr Baumann schwieg einen Moment. Dann schloss er das Buch.

„Ja", sagte er. „Aber nicht immer. Und nicht ohne Fragen."

Marie runzelte leicht die Stirn. „Was meinen Sie damit?"

Er lehnte sich zurück, atmete langsam.

„Ich habe mich oft gefragt, ob es reicht, gut zu sein. Oder ob es da jemanden gibt, der überhaupt zuhört, wenn man leise wird."

Er sah sie an. Nicht eindringlich. Nur offen.

„Meine Frau hatte einen stillen Glauben. Sie hat nicht diskutiert. Nicht gepredigt. Aber wenn sie in den Garten ging oder morgens Kaffee machte, dann hatte ich das Gefühl, dass sie begleitet ist. Von etwas, das ich nicht verstand."

Marie schwieg.

Ein Teil von ihr wollte das Gespräch stoppen. Aber ein anderer Teil, der, der letzte Woche geöffnet worden war, blieb ruhig.

„Ich weiß nicht, ob ich glauben kann", sagte sie leise.

„Ich hab alles verloren, was ich hatte. Und wenn es da jemanden gibt... dann hat er zugesehen. Und nichts getan."

Herr Baumann nickte nur. Keine Gegenrede. Kein Widerspruch.

„Vielleicht", sagte er dann, „ist Glaube nicht, dass man Antworten hat. Sondern dass man eine Frage nicht mehr allein stellen muss."

Marie sah ihn an.

Da war kein Glanz in ihren Augen, kein Wunder. Aber auch kein Trotz mehr.

„Ich bin noch nicht so weit", sagte sie.

„Das müssen Sie auch nicht sein", sagte er.

Und dann saßen sie einfach nebeneinander.

Zwei Menschen in einem Waschsalon.

Die Maschinen drehten ihre Kreise.

Und draußen wurde es langsam Frühling.

Mittwoch, 16 Uhr - Die stille Kapelle

Es war ein heller Tag. Sonnig sogar. Doch Marie fühlte die Sonne nicht.

Der Mittwoch hatte sich wie ein dunkler Faden durch ihre Woche gezogen. Nicht, weil sie nicht kommen wollte. Sondern weil sie wusste, dass etwas in ihr bereit war. Und das machte Angst.

Als sie den Waschsalon betrat, war Herr Baumann noch nicht da. Das war selten geworden.

Sie stellte ihre Tasche ab, langsamer als sonst.

Heute waren die Bewegungen zögerlich, fast wie in Watte gepackt. Sie füllte die Maschine, startete sie, setzte sich. Die Geräusche ringsum verschwammen zu einem dumpfen Hintergrundrauschen.

Ihre Finger lagen ineinander verschränkt. Die Augen starrten auf den Boden.

Als Herr Baumann eintrat, sah sie nicht auf. Sie hörte nur das vertraute Geräusch seiner Schritte. Den leichten Klang der Tür. Die Art, wie er seine Tasche abstellte. Sanft, fast entschuldigend.

Er setzte sich neben sie, sagte nichts.

Die Minuten vergingen.

Dann, ohne Vorwarnung, als wäre ein innerer Damm gerissen, flüsterte sie:

„Ich kann nicht mehr."

Er wandte sich zu ihr, langsam, vorsichtig.

„Heute ist ihr Geburtstag", sagte sie. Ihre Stimme war kaum hörbar. „Beide... wären heute zwölf und vierzehn. Ich... ich hab versucht, es zu vergessen. Aber es hat mich überrollt."

Sie schluckte. Ihre Lippen zitterten.

„Ich bin durch die Stadt gelaufen vorhin. Überall Kinder mit Ballons, Kuchen in den Auslagen. Und ich habe gedacht: Vielleicht wäre ich heute eine Mutter mit zwei Teenagern gewesen. Vielleicht hätten wir Pizza bestellt. Vielleicht..."

Ihre Stimme brach ab.

Ein tiefer Atemzug. Dann Tränen. Ohne Widerstand. Einfach da.

Sie hielt sich nicht mehr zurück. Nicht die Schultern. Nicht den Blick. Nichts.

Und Herr Baumann?

Er tat nichts, was aufdringlich gewesen wäre. Er reichte kein Taschentuch. Er stellte keine Fragen.

Er legte nur langsam seine Hand auf ihre.

Eine leichte Geste. Nicht fremd. Nicht fordernd.

Dann sagte er leise, fast scheu:

„Ich weiß nicht, ob Sie an Gott glauben..."

Marie sah ihn durch den Schleier ihrer Tränen an.

Er fuhr fort:

„Aber darf ich... für Sie beten? Einfach still. Ohne große Worte."

Sie antwortete nicht. Aber sie zog ihre Hand nicht zurück.

Und dann, nach einem Moment: ein Nicken.

Fast unmerklich.

Herr Baumann schloss die Augen. Neigte den Kopf leicht. Und begann zu sprechen. Leise. Langsam.

Keine Fremdworte. Keine Floskeln.

„Jesus, wenn du da bist, dann sieh Marie. Sie trägt mehr, als ein Mensch tragen kann. Und sie sitzt hier. Heute. Mit offenen Wunden. Sei du bei ihr. Nicht mit Erklärungen. Nur mit Nähe. Mit Stille, die wärmt. Und mit dem Wissen, dass es dich vielleicht doch gibt. Amen."

Marie sagte nichts.

Aber sie ließ ihre Hand in seiner.

Und zum ersten Mal seit sehr langer Zeit spürte sie, dass es jemand aushielt, mit ihr in diesem Schmerz zu sein. Ohne wegzusehen. Ohne zu retten. Einfach da.

Die Maschinen rauschten weiter.

Der Waschsalon war plötzlich mehr als nur ein Raum.

Er war still geworden. Wie eine Kapelle.

Mittwoch, 16 Uhr - Zartes neues Licht

Es war eine Woche später, aber in Marie fühlte es sich an wie eine andere Zeitrechnung.

Seit letzten Mittwoch war etwas in ihr in Bewegung geraten. Kein Sturm. Kein Aufbruch. Mehr wie das erste Knacken von Eis, das lange alles bedeckt hatte.

Sie hatte nicht gewusst, ob sie heute kommen würde. Und dann war sie doch einfach losgegangen.

Als sie den Waschsalon betrat, war Herr Baumann schon da. Er saß mit aufgeschlagenem Buch, die Brille etwas tiefer auf der Nase als sonst. Als er sie sah, klappte er das Buch ohne Hast zu.

„Schön, dass Sie da sind", sagte er.

Marie nickte. Ihre Stimme war nicht sofort da. Aber ihr Blick war klarer.

Sie stellte ihre Tasche ab, begann zu sortieren. Die Bewegungen waren routiniert, und zugleich spürte sie, dass sie heute anders hier war. Mehr da.

Als sie sich setzte, sprach sie als Erste.

„Ich habe über das Gebet nachgedacht. Letzte Woche."

Sie blickte nicht zu ihm, sondern auf die rotierende Trommel vor sich.

„Es war seltsam. Still. Und... ich habe mich nicht allein gefühlt. Das war neu."

Herr Baumann nickte nur. Wartete.

„Ich weiß nicht, ob ich glauben kann", fuhr sie fort. „Ich glaube, ich bin zu kaputt. Oder zu... wütend."

Sie stockte. „Oder beides."

„Man kann wütend sein und trotzdem hoffen", sagte er ruhig.

„Ich glaube nicht, dass Gott das stört. Ich glaube, er hat damit gerechnet."

Marie sah ihn an. Da war ein leichtes Lächeln in seinem Gesicht. Kein frommes. Ein menschliches.

„Ich bin einfach so... unsicher", sagte sie.

„Und ich habe Angst, dass ich wieder falle, wenn ich beginne zu glauben, dass jemand da ist."

Herr Baumann überlegte kurz. Dann sagte er:

„Vielleicht geht es beim Glauben gar nicht darum, alles zu wissen. Sondern darum, trotzdem weiterzugehen."

Sie schwieg.

Dann sagte sie leise:

„Ich habe gestern zum ersten Mal selbst gesprochen. Also... nicht laut. Aber in Gedanken. An... na ja. An ‚ihn'. Einfach so. Und ich hab gesagt: Ich weiß nicht, wer du bist. Aber wenn du willst, dass ich dich sehe, dann musst du mir zeigen, wo ich hinschauen soll."

Herr Baumann lächelte.

„Das ist ein Anfang, Marie. Ein sehr ehrlicher."

„Es kam mir vor wie...", sie zögerte, suchte das richtige Wort, „...wie wenn man einen Fensterladen öffnet. Ganz vorsichtig. Und dahinter ist Licht. Noch weit weg. Aber es blendet nicht mehr. Es wärmt."

Er nickte. „Das ist ein gutes Bild. Und ich glaube, das Licht war nie weg. Nur die Läden waren geschlossen."

Ein paar Minuten vergingen in ruhigem Schweigen.

Dann sagte Marie:

„Ich weiß nicht, wohin das führt. Und ich will nichts überstürzen."

„Müssen Sie nicht", antwortete Herr Baumann.

„Gott läuft nicht weg. Er kennt Ihre Schritte. Auch die zögernden."

Sie nickte. Und dieses Mal lag etwas Weiches in ihrem Blick.

Als die Maschine piepte, stand sie auf.

Doch bevor sie den Korb nahm, drehte sie sich noch einmal zu ihm um.

„Danke, dass Sie letzte Woche da geblieben sind."

„Gerne", sagte er schlicht.

„Ich glaube, das ist das Wichtigste, was man füreinander tun kann: bleiben."

Mittwoch, 16 Uhr - Abschied in leisen Tönen

Es war ein milder Frühlingstag. Die Sonne schien auf eine Weise, die nicht mehr tastete, sondern zuversichtlich war. In den Fenstern spiegelte sich Licht, als hätte die Welt beschlossen, freundlich zu sein.

Marie betrat den Waschsalon mit einer Mischung aus Vorfreude und Wehmut.

Sie wusste es. Heute war das letzte Mal. Zumindest mit ihm.

Herr Baumann saß bereits auf seinem Platz, wie immer. Seine Tasche stand ordentlich neben ihm, das Buch in der Hand, aber heute geschlossen.

Als sie sich setzte, lächelte er.

„Heute ist mein letzter Mittwoch", sagte er.

Sie nickte, langsam.

„Ich weiß."

Er sah sie an. „Ich habe mit meinen Kindern telefoniert. Alles ist bereit. Das Zimmer, der Garten, sogar ein Gemüsebeet mit meinem Namen."

Marie musste leise lachen.

„Das klingt sehr... ordentlich."

„Ich nehme meine Ordnung mit, wohin ich auch gehe", erwiderte er schmunzelnd.

Dann wurde sein Blick weich.

„Aber ich lasse auch etwas hier."

Marie sah ihn fragend an.

„Ich lasse dieses Ritual zurück. Diesen Ort. Diese Gespräche. Sie haben mich getragen in einer Zeit, in der ich dachte, ich hätte nichts mehr zu geben."

Sie schluckte und erwiderte.

„Ich weiß nicht, ob ich es jemals sagen werde... aber Sie waren mein erster Halt seit... seit allem. Und Sie haben nicht weggesehen. Das hat mehr verändert, als ich erklären kann."

Er nickte, sagte nichts. Aber seine Augen sagten alles.

Die Maschinen begannen zu laufen.

Draußen zogen Vögel am Fenster vorbei. Das Licht war weich, beinahe golden.

„Wissen Sie", sagte Marie leise, „ich hab angefangen zu schreiben. Nur kleine Gedanken. Auf Zettel. Fetzen. Vielleicht ein Gebet, vielleicht nur ein Gespräch mit... jemandem."

„Das freut mich sehr", sagte er.

„Worte können Brücken bauen. Auch zu Dingen, die wir noch nicht greifen können."

Sie schwieg einen Moment, dann sagte sie:

„Ich werde Sie vermissen."

Er nickte langsam.

„Ich Sie auch."

Als ihre Wäsche fertig war, standen sie beide auf. Es fühlte sich an wie ein leiser Abschied von mehr als nur einem Ort.

Herr Baumann nahm seine Tasche, zog den Reißverschluss zu, wandte sich noch einmal um.

„Marie", sagte er, „Sie sind nicht allein. Auch wenn es sich manchmal so anfühlt."

Sie nickte.

„Ich weiß."

Dann ging er.

Keine große Geste. Kein Zurückblicken.

Nur ein letzter Mittwoch.

Und ein Stuhl, der leer blieb, aber nicht vergessen war.

Mittwoch, 16 Uhr - Und jemand Neues

Der Waschsalon war wie immer.

Und doch war alles anders.

Marie trat ein, die Tasche in der Hand, das Herz ruhig. Es war ein Monat vergangen, seit Herr Baumann zum letzten Mal hier gesessen hatte. Der Platz neben dem Fenster war seither frei geblieben, aus Achtung, aus Gewohnheit, aus etwas, das sie nicht benennen konnte.

Heute war es heller als sonst. Die Sonne fiel in langen Streifen durch die Fenster, als wollte sie sich in jeden Winkel legen.

Marie ging zu Maschine 4, füllte sie wie immer, stellte das Programm, setzte sich. Ihr Blick wanderte zum Fenster. Sie vermisste ihn, aber es war kein schmerzhaftes Vermissen. Eher ein warmes Echo. Wie ein Nachklang eines Liedes, das lange gespielt hatte.

Dann bemerkte sie sie.

Eine junge Frau, vielleicht Anfang zwanzig, saß auf der anderen Seite des Raums.

Ein Baby schlief in einem Tragetuch an ihrer Brust. Ihr Blick war leer, müde, eingefallen.

Vor ihr: ein Korb mit Kinderkleidung, kleine Bodys, winzige Söckchen, alles durcheinander.

Sie starrte auf die laufende Maschine, als wäre sie ganz woanders.

Marie zögerte.

Ein Moment lang wollte sie sich zurücklehnen, das Buch aus der Tasche holen, in ihrer Ruhe bleiben.

Aber dann hörte sie seine Stimme, nicht laut, nur in sich selbst: „Bleiben ist das Wichtigste, was man füreinander tun kann."

Sie stand auf.

Langsam, ohne zu viel Aufmerksamkeit auf sich zu ziehen, ging sie zur jungen Frau hinüber.

„Entschuldigen Sie", sagte sie leise.

Die Frau sah auf, erschrocken.

„Ich will Sie nicht stören... aber wenn Sie möchten... ich bleibe einfach ein bisschen hier."

Ein langer Moment verging.

Dann nickte die junge Mutter.

Ganz leicht.

Marie setzte sich neben sie. Sagte nichts weiter.

Sie sah auf das Baby, das leise atmete. Auf die winzige Socke, die aus dem Korb gefallen war. Auf die Hände der jungen Frau, die fest ineinander verschränkt waren, wie um nicht auseinanderzufallen.

Und sie blieb. Einfach da. Die Maschinen rauschten. Draußen zog der Frühling durch die Straßen.

Und irgendwo, tief in ihr, wusste Marie:

Der Kreis hatte sich nicht geschlossen. Er hatte sich geöffnet.

ENDE

Sprachnachricht an Gott

Sprachnachricht 01 - 22:07 Uhr

„Hey.

Also… ich weiß nicht, ob du mich hörst. Oder ob das hier komplett bescheuert ist.

Aber ich hab heute dieses Ding gesehen, so 'n TikTok, wo jemand meinte, man kann mit Gott reden wie mit 'nem Kumpel. Einfach so. Sprachnachricht aufnehmen.

Und na ja… jetzt sitz ich hier. Im Dunkeln. Mit meinem Handy. Und sprech in die Luft.

Super Idee, oder?

Falls du da bist…

Hi."

Lisa drückt auf „Senden", obwohl sie nicht weiß, wohin das gehen soll.

Sie liegt auf dem Bett, die Kopfhörer noch halb im Ohr, die Decke bis über die Nase gezogen. Nur das leuchtende Handy-Display spendet Licht in dem kleinen, leicht chaotischen Zimmer. Ein paar zerknüllte Taschentücher liegen auf dem Boden. Ein halbvolles Glas Wasser auf dem Schreibtisch. An der Wand hängen alte Fotos, eins ist halb abgerissen. Auf einem steht: „Sommer 2021, Beste Zeit meines Lebens".

Sie hat es nie abgenommen.

Die Tür ist zu. Wie fast immer in letzter Zeit. Ihre Mutter ist noch wach, wahrscheinlich rauchend auf dem Balkon oder mit einem Wein auf der Couch, Netflix, bis sie einschläft. Wie so oft.

Lisa zieht die Decke enger um sich. Der Tag war lang.

Zu lang.

Zu laut.

Und gleichzeitig... hat keiner richtig hingeschaut.

Sie tippt nervös auf dem Display. Scrollt durch alte Chats. Die meisten sind still. Einige Kontakte grau. Bei einer Freundin steht: „zuletzt online: vor 5 Tagen".

Lisa war immer die, die zuerst geschrieben hat. Immer.

Heute nicht mehr.

Sie öffnet die Sprachnachrichten-App. Zögert. Dann klickt sie auf „neu".

Niemand hört zu

Lisa steht vor dem Badezimmerspiegel und schaut sich selbst an, als würde sie auf jemanden warten, der gleich zurückschaut.

Tut aber keiner.

Ihre Augen sind leicht geschwollen. Nicht schlimm. Nicht sichtbar für Leute, die eh nie richtig hinsehen. Aber sie weiß es.

Sie sieht sich.

Und manchmal macht genau das am meisten weh.

Sie zieht die Kapuze über den Kopf, obwohl sie drinnen ist, nimmt die Zahnbürste in die Hand, lässt sie aber wieder sinken.

Kein Hunger. Kein Durst. Kein gar nichts.

Als sie zurück ins Zimmer geht, hört sie das dumpfe Geräusch des Fernsehers aus dem Wohnzimmer. Irgendeine Quizsendung. Ihre Mutter ruft nicht. Fragt nicht, wie der Tag war.

Hat sie auch gestern nicht. Und vorgestern.

Lisa setzt sich auf den Boden. Rücken an die Wand. Die Knie angezogen, das Handy locker in der Hand.

Ihr Blick wandert zur Schultasche in der Ecke. Mathehausaufgaben, unbeachtet.

Ein Referat über Klimakrise.

Ironisch.

Weil in ihr drin auch irgendwas kippt. Aber das interessiert keinen.

Sie öffnet die App. Tippt.

Sprachnachricht 02 - 03:12 Uhr

„Also… falls du noch zuhörst.

Ich hab heute wieder nichts gesagt. Nicht in der Schule. Nicht zu Mama. Ich war einfach da.

Bin rumgelaufen wie so 'n leerer Akku. Keiner merkt's. Oder… will's nicht merken.

Manchmal denk ich: Wenn ich morgen nicht mehr aufwachen würde, würd's erst mal niemandem auffallen. Vielleicht erst, wenn ich die Spülmaschine nicht ausräume.

Sorry, ist 'n dummer Gedanke.

Ich sag nur… Ich fühl mich wie Luft. Aber keine frische, klare Luft. Mehr so… abgestanden. Stinkend. Übersehen.

Ich weiß nicht, warum ich dir das alles erzähl.

Aber es tut irgendwie gut, dass ich es wenigstens gesagt hab."

Sie schickt es ab.

Wieder ohne Adresse. Ohne Empfänger.

Und doch mit einer winzigen Hoffnung.

Nicht mal, dass jemand antwortet, nur, dass irgendwas anders ist, weil sie gesprochen hat.

Draußen rauscht ein Auto vorbei.

Dann ist wieder Stille.

Und in ihr drin?

Ein Gedanke, kaum hörbar:

„Vielleicht hört ja doch jemand zu."

Ich bin so müde

Die Woche zieht sich wie alter Kaugummi. Jeder Tag fühlt sich gleich an, nur ein bisschen schwerer. Lisa geht zur Schule, aber sie ist nicht da. Sie sitzt im Unterricht, macht mit, nickt, aber innen ist sie weit weg.

Keiner fragt.

Alle reden.

Über Partys. Über Noten. Über irgendwen, der Schluss gemacht hat.

Lisa nickt, lächelt manchmal, sagt "krass" oder "echt jetzt?", weil man das eben sagt. Aber nichts davon bleibt in ihr hängen.

Am Donnerstag kommt sie klitschnass nach Hause. Es hat geregnet, und sie hatte keinen Schirm dabei.

Kein Wunder.

Denkt eh niemand dran, dass man auch mal durchnässt sein kann, ohne dass es draußen regnet.

Sie wirft die nassen Klamotten in die Ecke, zieht sich den Hoodie über, der nach irgendwas Vertrautem riecht.

Vielleicht nach davor.

Bevor alles so still wurde in ihr.

Der Abend ist leise.

Nur ein Streit im Fernsehen.

Ein Glas auf dem Tisch.

Eine Mutter, die nichts mehr sagt, weil sie zu viel gesagt hat in ihrem Leben.

Lisa nimmt ihr Handy. Nicht zum Scrollen. Nicht zum Chatten.

Nur zum Reden.

Denn Worte, die niemand hört, sind manchmal leichter, als Gedanken, die niemand teilt.

Sprachnachricht 07 - 21:36 Uhr

„Ich bin so müde.

Nicht so… 'Ich sollte früher schlafen'-müde. Mehr so… ich-will-einfach-nicht-mehr-müde.

Weißt du, was ich mein? Wahrscheinlich nicht. Vielleicht hörst du ja eh nicht zu.

Aber falls doch:

Ich weiß nicht mehr, wie das geht, dieses 'normal sein'. Lachen, ohne dass es wehtut. Reden, ohne zu denken, dass es eh keiner versteht.

Atmen, ohne dass es sich anfühlt wie… zu viel.

Ich funktioniere. Ich lächle. Ich tu so, als wär alles okay.

Aber innerlich… Da ist so 'ne Leere. So eine Kälte. Und ich frag mich, ob ich überhaupt noch echt bin. Ob da noch was lebt in mir. Oder ob ich einfach nur noch… durchhalte.

Ich weiß nicht, ob du was ändern kannst.

Aber ich wollt's sagen.

Vielleicht ist das ja schon ein Anfang."

Sie speichert die Nachricht. Hört sie sich noch einmal an. Löscht sie.

Dann spricht sie sie nochmal ein, langsamer, leiser. Ohne zittern in der Stimme.

Drückt auf „Senden".

Kein Empfangssymbol. Keine Lesebestätigung.

Aber etwas in ihr fühlt sich… ein bisschen leichter an.

Nicht viel.

Aber genug, um weiterzumachen.

An diesem Abend schläft sie nicht sofort ein.

Aber als sie irgendwann die Augen schließt, ist da kein Druck mehr auf ihrer Brust.

Nur Stille.

Und mitten in dieser Stille: ein winziger Hoffnungsschimmer.

So klein wie ein Stern, den nur sieht, wer im Dunkeln liegt und nicht wegschaut.

Die Antwort

Der Freitag beginnt wie jeder andere: mit dem Piepen des Weckers und dem Drang, ihn gegen die Wand zu werfen. Lisa steht auf, duscht im Halbschlaf, zieht sich wortlos an.

In der Küche steht ein Teller. Ohne Nachricht.

Ihre Mutter ist schon weg. Frühschicht. Oder irgendwas anderes.

Lisa kaut trockenes Brot, obwohl sie keinen Hunger hat.

In der Schule ist es laut. Zu laut.

Sie setzt sich wie immer in die letzte Reihe, zieht den Kapuzenpulli über den Kopf, klappt das Mathebuch auf.

Tut so, als ob.

In der Pause läuft Musik durch den Flur. Jemand hat einen Bluetooth-Speaker dabei. Songs, die alle mitsingen, außer Lisa.

Bis dieser eine Song kommt.

Sie kennt ihn nicht. Noch nie gehört. Keine Ahnung, wer das singt. Aber irgendwas daran bleibt hängen. Nicht der Beat. Nicht die Melodie. Sondern eine einzige Zeile: „Ich hab dich gehört, auch als du nichts gesagt hast."

Lisa bleibt stehen.

Mitten im Flur.

Die Stimmen um sie herum verblassen.

Nur dieser eine Satz bleibt.

Sie greift nach ihrem Handy, öffnet Shazam. Der Titel: "Still"

Interpret: Unbekannt.

Vielleicht ein Indie-Künstler. Vielleicht jemand, den kaum einer kennt.

Aber Lisa hat das Gefühl:

Der Song kennt sie.

Am Nachmittag sitzt sie auf der Fensterbank. Draußen nieselt es.

Sie hört den Song nochmal. Und nochmal.

Dann schreibt sie den Satz auf einen Zettel. Legt ihn neben das Handy.

Sie schweigt lange.

Dann, ohne viel nachzudenken, klickt sie auf Aufnahme.

Sprachnachricht 13 - 18:04 Uhr

„Also… falls das da vorhin von dir war, dieser Song, diese Zeile, dann… wow. Ich weiß nicht, wie du das gemacht hast. Vielleicht war's auch nur Zufall. Vielleicht auch nicht.

Aber ich hab mich gesehen gefühlt.

Nicht von irgendwem in der Schule. Nicht von Mama. Nicht mal von mir selbst.

Von… dir?

Kann das sein? Ich weiß es nicht. Aber irgendwas hat in mir gezuckt. Nicht viel. Aber genug, um das hier aufzunehmen.

Vielleicht gibt's dich ja wirklich.

Und vielleicht… willst du, dass ich das endlich kapiere."

Sie schickt es.

Lässt das Handy sinken.

Und zum ersten Mal, seit langer Zeit, lächelt sie.

Nur ein bisschen.

Nur für sich.

Aber es ist da.

Am Abend schreibt sie die Liedzeile noch einmal, diesmal an den Spiegel im Bad. Mit Lippenstift. „Ich hab dich gehört, auch als du nichts gesagt hast."

Ihre Mutter sagt später: „Was ist das denn da?"

Lisa antwortet nur: „Ein Satz, den ich gebraucht hab."

Danke, dass du geblieben bist

Der Frühling kommt schleichend. Nicht in großen Schritten, sondern in kleinen Zeichen: ein Hauch von Sonne auf der Fensterbank, ein Vogel, der morgens singt, obwohl's noch kalt ist.

Und in Lisa: etwas, das sich verändert hat. Ganz langsam. Ohne Knall.

Aber spürbar.

Sie redet nicht drüber. Nicht in der Schule. Nicht mit ihrer Mutter. Nicht mal mit ihrer besten Freundin, die eh schon lange keine Sprachnachrichten mehr schickt.

Aber mit ihm.

Mit Gott. Oder wer auch immer da zuhört.

Manchmal nur ein Satz. Manchmal fünf Minuten. Und manchmal auch tagelang nichts. Aber es fühlt sich nicht mehr so leer an. Nicht mehr so endgültig.

An einem Dienstagabend liegt Lisa wieder auf dem Bett. Hoodie, Decke, Kopfhörer. Der Tag war seltsam.

Ihre Mathelehrerin hatte ihr am Ende der Stunde einen Zettel in die Hand gedrückt: „Schön, dass du wieder auftauchst."

Sie hatte es einfach so gesagt. Ganz nebenbei.

Aber Lisa hatte den Satz in der Jackentasche mit nach Hause getragen, als wär's ein Schatz.

Und vielleicht war es das auch.

Sie schaut aufs Handy. Der Bildschirm ist dunkel. Aber in ihr... ist Licht.

Sprachnachricht 21 - 22:18 Uhr

„Hey. Ich wollt nur... Danke sagen. Nicht für irgendwas Spektakuläres. Nicht, weil plötzlich alles gut ist.

Aber weil du geblieben bist.

Oder... weil ich langsam merke, dass du nie weg warst. Ich hab dich ignoriert, angeschrien, weggeschoben. Und du... warst einfach da.

Still.

Geduldig. Wie jemand, der auf einer Parkbank sitzt und wartet, bis der andere sich traut, sich dazuzusetzen.

Und jetzt bin ich hier.

Noch nicht heil. Noch nicht stark. Aber ich fang an zu glauben, dass das reicht.

Dass ich reiche.

Danke, dass du geblieben bist."

Sie speichert die Nachricht nicht mehr. Sie schickt sie nicht. Sie spricht sie, und das genügt. Weil sie weiß: Es geht nicht darum, ob jemand sie „anhört". Sondern darum, dass sie es sagt. Weil die Worte jetzt einen Ort haben, der sie trägt.

Lisa lehnt sich zurück.

Draußen geht irgendwo eine Straßenlaterne an.

Drinnen: Stille. Aber keine einsame mehr.

Sie flüstert leise, nur ein einziger Satz. „Ich glaub, ich hab dich gefunden… in der Stille, in mir."

Und vielleicht… war es genau andersrum.

Ohne Sprachaufnahme

Ein paar Wochen sind vergangen.

Es ist ein gewöhnlicher Dienstag. Die Sonne hat sich spät durch die grauen Wolken getraut, aber sie scheint jetzt, weich und schräg über die Dächer. Lisa läuft von der Schule nach Hause, den Kapuzenpulli tief ins Gesicht gezogen, die Kopfhörer um den Hals baumelnd. Keine Musik. Nicht heute.

In der Hand hält sie ihr Handy. Nicht, weil sie etwas hören will.

Nicht, weil sie etwas sagen muss.

Einmal, in einem dieser Nachmittage zwischen Hausaufgaben und Müdigkeit, hatte sie versucht, eine neue Sprachnachricht aufzunehmen, aber sie hatte gemerkt: Sie braucht das nicht mehr.

Nicht so.

Jetzt spricht sie anders.

Einfach so.

Ganz leise.

In Gedanken.

Wenn sie über etwas nachdenkt, dann richtet sie ihre Gedanken nicht mehr ins Nichts, sondern… als wüsste sie, dass jemand mitgeht.

Nicht draußen, sondern in ihr.

„Heute war 's okay.

Und das ist viel.

Danke."

Kein Geräusch. Kein Sendeton.

Nur ein stilles inneres Lächeln.

Sie steckt das Handy in die Jackentasche.

Und geht weiter.

Nicht als jemand, der „geheilt" ist.

Aber als jemand, der gehört wurde.

Und darum weitergehen kann.

ENDE

Omas Schal

Kalter Atem

Der Wind kam von der Seite. Nicht stark, aber beharrlich. Einer dieser Winde, die durch jede noch so kleine Öffnung kriechen, sich unter Jacken schleichen und dort festsetzen, wo man es am wenigsten gebrauchen kann, zwischen Schulterblättern, am Hals, hinter den Ohren. Arne zog den Kragen hoch und wie von selbst, hob er den Schal an, schlug ihn zweimal um den Hals und zog ihn fest.

Er kratzte ein wenig. So wie immer. Der Stoff war alt, das Muster leicht ausgewaschen, ein tiefes Dunkelrot, durchzogen von winzigen, kaum sichtbaren Fäden in Grau und Blau. Nicht schön im eigentlichen Sinne. Auch nicht modisch. Aber vertraut. So wie der Geruch, der noch immer darin hing. Ein Hauch von Lavendel und Holz. Und irgendetwas Warmem, das er nicht benennen konnte. Vielleicht Erinnerung.

Ein paar Meter entfernt hielt die Straßenbahn. Die Türen zischten, Menschen stiegen aus, neue stiegen ein. Arne blieb stehen. Er hatte Zeit. Heute. Endlich mal.

Er sah den Schneematsch am Bordstein, wie er langsam zu Wasser wurde, vermischt mit Streusalz und Spuren von Reifen. Eine Frau telefonierte, ein Kind verlor kurz den Handschuh und fand ihn unter seinem Arm wieder. Nichts Besonderes. Alltag in Grau.

Und doch war da dieses Ziehen in seiner Brust. Nicht Schmerz. Keine Traurigkeit. Eher ein leises Gewicht. So als würde etwas in ihm warten. Auf was, das wusste er nicht.

Er strich sich über den Schal. Fingert die Maschen entlang. Seine Großmutter hatte ihn gestrickt. Vor vielen Jahren. „Damit du nicht krank wirst, mein Junge", hatte sie gesagt und ihm dabei sanft die

Stirn geküsst. Damals war er vielleicht zehn gewesen. Vielleicht zwölf. Er wusste es nicht mehr genau. Nur, dass es Winter war. Und dass sie dabei lächelte.

Heute war das Lächeln nur noch Erinnerung. Und der Schal das Einzige, das geblieben war.

Er trat in die Bahn ein, setzte sich an einen Fensterplatz. Der Schal lag wie ein weicher Schutz um seinen Hals. Draußen zog die Stadt an ihm vorbei, graue Fassaden, Menschen mit Kapuzen, das Licht der frühen Dämmerung. Alles wirkte fern, beinahe stumm.

Und plötzlich, mitten im Rattern der Schienen, dachte er zum ersten Mal seit langer Zeit wieder an sie. Nicht nur als „Oma". Sondern als das, was sie war: die Einzige, die jemals für ihn gebetet hatte.

Er schüttelte leicht den Kopf. Als wollte er den Gedanken abschütteln wie Schnee von den Schultern. Aber er blieb. So wie der Schal.

So wie ihr letzter Blick.

Aus dem Karton

Die Wohnung war still, als Arne die Tür hinter sich schloss. Nur das leise Summen des Kühlschranks war zu hören, irgendwo tropfte ein Wasserhahn. Er trat die Schuhe ab, ließ die Jacke über den Stuhl gleiten und zog langsam den Schal ab. Er roch daran, ganz unbewusst. Noch immer dieser feine Hauch von ihr. Er faltete ihn vorsichtig zusammen und legte ihn auf das kleine Regal neben der Tür. So, als wäre er aus Glas.

Der Karton stand seit Wochen im Flur. Braun, mit schwarzem Edding beschriftet: „Oma, Persönlich". Er hatte ihn mitgenommen, nachdem die Wohnung aufgelöst worden war. Zwischen Porzellan und alten Handtüchern. Dies war die Kiste, die er nicht auspacken wollte. Und zugleich die einzige, die er behalten hatte.

Heute war der Tag.

Arne trug den Karton ins Wohnzimmer, stellte ihn auf den Tisch, zögerte. Dann zog er den Deckel auf.

Ein Geruch stieg ihm entgegen. Warm. Trocken. Ein bisschen wie alter Papierstaub, ein bisschen wie der Schrank, der immer nach Seife roch. Es war der Duft ihrer Wohnung. Ihrer Welt.

Obenauf: ein gehäkeltes Deckchen. Daneben ein Stapel Fotos, lose gebündelt mit einem hellblauen Gummiband. Er nahm sie in die Hand, blätterte langsam. Aufnahmen aus den Achtzigern, dann später: ein Kind im Schneeanzug, er selbst. Seine Oma mit dicker Brille und einem strahlenden Lächeln, das man fast hören konnte. Sie hielt ihn fest, beide lachten. Dahinter: ein Schlitten, ein krummer Schneemann. Und der Schal. Schon damals um seinen Hals.

Er lächelte kurz, legte die Bilder zur Seite.

Darunter ein kleines Notizbuch mit Ledereinband, speckig und eingerissen. Er schlug es auf. Die Seiten waren voll. Kein Tagebuch. Auch keine Rezepte. Nur kleine Sätze, eingestreut zwischen Einkaufslisten und Telefonnummern:

„Danke, Herr, dass du ihn heute behütet hast."

„Morgen hat er Mathe, bitte hilf ihm, dass er nicht verzweifelt."

„Für Arne. Er weiß es noch nicht, aber Du weißt es, Herr."

Arne blinzelte. Schluckte trocken.

Er hatte nicht gewusst, dass sie so gebetet hatte. Nicht so konkret. Nicht so leise hingetupft zwischen „Brot" und „Milch".

Er fuhr mit dem Finger über die Schrift. Ihre Handschrift. Runde Buchstaben, ein wenig krakelig, aber bestimmt. So hatte sie früher auch seine Schulhefte unterschrieben: Oma hat mitgeguckt.

Er legte das Buch vorsichtig auf die Sofalehne. Unter dem nächsten Bündel fand er eine kleine Tüte, darin: ein Wollrest, exakt dieselbe Farbe wie der Schal. Und eine einzelne Häkelnadel. Leicht verbogen. Er erinnerte sich, wie sie manchmal fluchte, wenn der Faden nicht so wollte wie sie. Und dann lachte.

Plötzlich fühlte sich der Raum zu still an.

Er setzte sich auf den Boden, den Rücken gegen die Couch gelehnt. Die Kiste war noch halb voll. Aber schon jetzt lag etwas in der Luft, das er nicht benennen konnte.

Etwas, das blieb, obwohl sie gegangen war.

Etwas, das nicht sprach, aber bedeutete.

Der Klang der Maschen

Es war der Ton, an den er sich am meisten erinnerte.

Nicht ihre Stimme, nicht das Radio, das immer auf halber Lautstärke lief. Sondern das gleichmäßige, fast meditative Klick - Klack der Stricknadeln. Stundenlang. Während sie auf dem Sofa saß, die Beine unter sich, die Tasse Tee auf der Fensterbank. Und er, noch klein, mit einem Buch auf dem Teppich oder einem Puzzle, das nie vollständig war, lag einfach da. Hörte zu. Oder besser: lauschte.

Denn es war nicht nur ein Geräusch. Es war Rhythmus. Sicherheit. So wie das Ticken einer alten Uhr in der Nacht oder der gleichmäßige Atem eines Menschen, der neben einem schläft.

Klick - Klack.

Arne saß noch immer auf dem Wohnzimmerboden. In der Hand das kleine Wollknäuel, das sie aufgehoben hatte, wahrscheinlich für einen letzten Rest. Er drehte es zwischen den Fingern, und mit jeder Umdrehung tauchte ein neues Bild in ihm auf.

Sie hatte gestrickt, wenn sie traurig war. Wenn es draußen regnete. Wenn er krank war. Immer dann, wenn Stille drohte. Und immer hatte sie dabei gesprochen. Leise. Unzusammenhängend, wie es ihm damals vorkam. Aber nun...

Nun hörte er die Worte mit anderen Ohren.

„Und segne ihn, Herr Jesus…

…sein Herz soll weich bleiben…

…du siehst, wenn er zweifelt…

…beschütze ihn in der Schule, lass ihn nicht allein…"

Sie sprach nicht laut. Nicht für ihn. Für jemanden, den er damals nicht kannte.

Er erinnerte sich, wie er einmal gefragt hatte: „Mit wem redest du da immer?"

Und sie hatte gelacht. Dieses warme, offene Lachen, das ein ganzes Zimmer heller machte. Dann hatte sie gesagt:

„Ach, weißt du, das ist wie Stricken. Jede Masche ein Wort. Und irgendwann wird etwas draus."

Er hatte das nicht verstanden. Damals. Und wahrscheinlich hatte er es danach auch nie wieder gefragt.

Aber jetzt, Jahre später, mit dem Schal um den Hals und dem Wollrest in der Hand, begriff er langsam.

Sie hatte für ihn gestrickt. Nicht nur mit Wolle. Sondern mit Glauben.

Masche für Masche.

Gebet für Gebet.

Nicht groß. Nicht laut. Nicht dramatisch.

Sondern so leise, dass man es erst hört, wenn es still genug wird in einem.

Er legte den Wollfaden vorsichtig zurück in den Karton. Stand auf. Tritt ans Fenster. Draußen war es fast dunkel geworden, der Himmel schwer von Schnee. Die Lichter der Stadt blinkten träge. Aber in ihm war etwas wach.

Etwas, das nicht schlief, nur geschlummert hatte.

Etwas, das klang wie:

Klick, Klack.

Und zwischen den Maschen:

Ein Name.

Sein Name.

Was bleibt

Am nächsten Morgen saß Arne mit einer Tasse Kaffee am Küchentisch. Der Schal lag neben ihm, ordentlich gefaltet. Davor das kleine Notizbuch seiner Großmutter, aufgeschlagen auf einer Seite, die er am Abend zuvor nur gestreift hatte. Heute wollte er sie ganz lesen.

Die Schrift war zart, fast schon verblasst, aber deutlich. Kein Datum. Kein Betreff. Einfach nur Zeilen, aufgeschrieben wie Gedanken, die nicht allein bleiben wollten:

„Du weißt, was er braucht, noch bevor ich es in Worte fassen kann. Aber ich sprech sie trotzdem aus, Herr Jesus, nicht weil Du es musst, sondern weil ich es darf."

„Segne ihn, auch wenn er sich selbst nicht segnet. Und wenn er stolpert, dann leg Deine Hand unter ihn. Du weißt, wie stur er sein kann. Und wie weich."

Arne hielt inne.

Er las die nächste Zeile zweimal, dann ein drittes Mal:

„Für Arne. Er weiß es noch nicht, aber Du weißt es, Herr Jesus."

Er lehnte sich zurück. Der Stuhl knarrte. Und in seinem Inneren schob sich etwas leise zur Seite. Wie eine Tür, die lange geschlossen war, nicht verriegelt, aber vergessen.

Er hatte nie wirklich geglaubt. Nicht so wie Oma. Seine Eltern schon gar nicht. Kirche war für sie scheinbar Pflicht gewesen, irgendwann aufgegeben mit der Ausrede: „Das kannst du mal entscheiden, wenn du groß bist." Und als Oma gestorben war, war das Thema einfach verschwunden. Verblasst wie alte Fotos auf der Fensterbank.

Aber sie hatte nie aufgehört.

Nicht zu stricken. Nicht zu beten. Nicht zu hoffen.

Für ihn.

Arne blätterte weiter.

Zwischen den Seiten fanden sich getrocknete Blätter, kleine Zettel mit Bibelversen, Zeitungsausschnitte. Und immer wieder: Gebete. Kurz. Klar. Keine Predigt, kein Pathos. Nur Bitte und Vertrauen.

„Wenn er einmal durch dunkle Zeiten geht, geh Du Herr Jesus ihm voran. Und wenn er Dich nicht sieht, flüster ihm durch die Dinge, die er kennt."

Er schloss das Buch. Legte die Hand darauf. Und ließ sie dort einen Moment liegen.

Was bleibt, wenn ein Mensch geht?

Manchmal, ein Schal. Ein Wollrest. Eine Schrift auf vergilbtem Papier.

Und manchmal, Worte, die über den Tod hinaus noch antworten.

Nicht laut. Aber verlässlich.

Ein Schal für den Sturm

Der Tag begann harmlos. Ein grauer Himmel, das Licht fahl wie durch Milchglas, ein Terminkalender, der zu eng geschnürt war. Arne war spät dran, der Bus fuhr ihm vor der Nase weg, und der Kaffee hatte sich über den Aktendeckel in seiner Tasche ergossen. Nichts, was die Welt aus den Angeln hob. Aber genug, um ihn aus dem Gleichgewicht zu bringen.

Er hatte seit Wochen nicht mehr richtig geschlafen. Zu viele Gedanken, zu wenig Worte dafür. Das Notizbuch seiner Großmutter lag seit gestern auf dem Schreibtisch. Offen, als würde es ihn ansehen. Und das tat es auch irgendwie. Er hatte immer wieder überlegt, es zurück in die Kiste zu legen. Aber seine Hand hatte es nicht getan.

Nun stand er im Pausenraum seines Büros, den Rücken zur Tür gelehnt, der Blick leer auf die dampfende Tasse in seiner Hand. Irgendwo lachte jemand. Eine Kollegin telefonierte laut auf Italienisch. Jemand ließ den Kopierer husten.

Sein Kollege Max kam herein, griff sich eine Banane, sah Arne an und sagte: „Ey, du siehst aus, als wärst du nachts draußen eingeschneit worden."

Arne zuckte die Schultern. „Ist halt Montag."

„Es ist Mittwoch."

„Noch schlimmer."

Max grinste. „Du solltest mal Urlaub machen. Oder ne Runde durchbeten. Vielleicht hilft das ja."

Der Satz war locker gemeint. Ein Spruch unter Kollegen. Aber er traf etwas in Arne, das gerade zu nah an der Oberfläche lag. Er schluckte, antwortete nicht. Und Max, sensibel genug, ließ es dabei bewenden.

Als Arne kurz darauf das Gebäude verließ, war der Wind zurück. Scharf, beißend, von der Art, die unter die Haut kriecht. Er griff nach dem Schal in seiner Manteltasche. Wickelte ihn um den Hals, langsam, fast wie ein Ritual.

Der Stoff war rau, aber warm. Und in diesem Moment mehr als nur Wolle. Mehr als Erinnerung.

Er spürte, wie sich etwas in ihm beruhigte. Nicht viel. Aber genug, um weiterzugehen.

Menschen strömten an ihm vorbei. Gespräche, hupende Autos, das alltägliche Durcheinander einer Stadt, die sich nicht dafür interessierte, wie es einem ging.

Aber der Schal lag wie ein schützender Satz um seinen Nacken.

„Wenn er durch dunkle Zeiten geht…"

Er erinnerte sich an die Zeile. Und daran, wie sie gestrickt hatte, selbst als ihr die Finger weh taten.

Es war nur ein Schal.

Und doch: Er war das Einzige, das ihn an diesem Tag nicht enttäuschte.

Er ging weiter. Der Wind ließ nicht nach. Aber er auch nicht.

Schnee auf dem Fensterbrett

Es schneite.

Nicht viel, nicht wild, nur leise, fast schüchtern. Die Flocken fielen wie in Zeitlupe, glitten lautlos an der Fensterscheibe herab und sammelten sich in kleinen, zarten Häufchen auf dem Fensterbrett. Arne saß im Wohnzimmer, den Schal noch umgelegt, die Hände um eine Tasse, die längst kalt geworden war.

Die Geräusche der Stadt waren gedämpft, als hätte der Schnee einen dicken Mantel über alles gelegt. Selbst die Straßenbahn klang heute weicher.

Er beobachtete, wie sich einzelne Flocken an der Scheibe auflösten. Wassertropfen blieben zurück, wie Spuren von etwas, das kurz da war und dann verschwand.

So fühlte es sich manchmal mit der Erinnerung an.

Neben ihm lag das Notizbuch. Offen. Ohne Absicht.

Er hatte es einfach dort liegen lassen, wie man ein Gespräch offen lässt, weil man hofft, später weitersprechen zu können.

Sein Blick wanderte zum Fenster.

Er erinnerte sich.

An eine Nacht. Damals. Kind. Fieber. Die Decke zu warm, der Kopf zu schwer. Und sie, seine Großmutter, saß an seinem Bett, hatte ihm einen kühlen Lappen auf die Stirn gelegt. Ihre Hand war

warm, ruhig. Und sie hatte leise gesprochen. Nicht mit ihm. Mit…
jemand anderem.

„Herr Jesus, nimm ihm das Fieber. Gib ihm Ruhe. Und bleib bei
ihm. Ich geb ihn Dir, wie jeden Tag."

Er war weggedämmert mit diesem Satz im Ohr. Damals hatte er es
nicht verstanden. Heute klang es in ihm nach.

Er nahm den Schal in beide Hände, ließ ihn durch die Finger gleiten. Es war dieser Schal gewesen. Genau dieser. Sie hatte ihn um
ihn gewickelt, damals, als er zitterte. „Der wärmt dich nicht nur
von außen", hatte sie gesagt, „sondern von innen, wenn du daran
denkst."

Er hatte nicht daran gedacht. Jahrelang. Jahrzehnt fast. Und doch,
jetzt war er da. Der Satz. Die Geste. Die Wärme.

Draußen glitt eine einzelne Flocke an der Scheibe entlang, blieb
kurz haften, löste sich auf.

Er flüsterte: „Ich hab's vergessen, Oma."

Und das tat weh.

Aber es war auch der erste ehrliche Satz, den er seit langer Zeit
ausgesprochen hatte.

Er nahm einen Schluck vom kalten Tee. Verzog das Gesicht. Dann
stand er auf. Legte Holz in den Kamin. Zündete es an. Setzte sich
wieder.

Und der Schal, der blieb.

Nicht nur auf seinen Schultern.

Auch in ihm.

Nur ein Wort

Die Nacht kam schnell.

Draußen war der Schnee in Regen übergegangen, der unentschlossen gegen die Fensterscheiben klopfte. Arne saß auf dem Sofa, den Schal noch immer umgelegt, obwohl es inzwischen warm genug im Raum war. Aber er konnte ihn nicht ablegen. Nicht jetzt.

Das Notizbuch lag neben ihm, aufgeschlagen bei einer Seite, auf der nur ein einziger Satz stand. Kein Datum. Kein Zusatz. Nur eine Bitte:

„Sprich Du Herr Jesus, wenn er schweigt."

Arne starrte auf die Worte. Lange. Als könne er sie mit der bloßen Betrachtung verstehen, entwirren, zuordnen.

Er war lange still gewesen.

Nicht nur seit heute. Nicht erst seit ihrer Beerdigung. Sondern seit damals, seit dem Tag, als er zum letzten Mal neben ihr in der Kirchenbank gesessen hatte.

Er erinnerte sich noch gut an das dumpfe Echo ihrer Schritte auf dem kalten Steinboden, an den Geruch nach Kerzenwachs und altem Holz. Er hatte ihre Hand gehalten, fest, weil es sein erster Gottesdienst war ohne Eltern, aber sie hatte gelächelt, als gehöre das so. Und dann hatten sie gesungen. „Meine Zeit steht in deinen Händen…" Er kannte die Melodie noch.

Er war vielleicht sieben gewesen. Acht. Seine Eltern hatten später gesagt, das sei „nicht mehr zeitgemäß". Sie würden da nicht mehr hinfahren. Oma schon. Bis sie nicht mehr konnte.

Mit ihrem Tod war auch die Kirche aus seinem Leben verschwunden. Und mit ihr jede Frage an Gott.

Jetzt war er dreißig. Und zum ersten Mal seit über zwanzig Jahren spürte er, dass das Schweigen in ihm nicht leer war, sondern voll. Voller Fragen. Voller Namen. Voller Erinnerungen.

Er schloss die Augen.

Atmete langsam ein. Und aus.

Dann, fast ohne es zu merken, bewegten sich seine Lippen.

Nur ein Wort.

„Wenn…"

Nicht mehr. Kein vollständiger Satz. Kein Adressat. Nur dieses eine, tastende Wort.

„Wenn… du da bist."

Es hing in der Luft. Keine Antwort. Kein Lichtstrahl. Nur sein eigener Atem, der kurz stockte.

Dann öffnete er die Augen wieder. Die Wohnung war dieselbe. Der Schal lag schwer und warm um seine Schultern. Und doch hatte sich etwas verändert.

Nicht viel.

Nur ein winziges, ehrliches Beginnen.

Kein Glaubensbekenntnis.

Kein theologischer Entschluss.

Nur ein Wort.

Ein Flüstern.

Ein Vielleicht.

Und manchmal, so hatte Oma einmal gesagt, „reicht ein Vielleicht, damit Gott anfängt zu flüstern."

Spuren im Flur

Am Morgen lag noch Stille in der Wohnung.

Nicht die erdrückende, die er kannte, wenn Sonntage zu lang wurden oder Abende zu leer. Heute war es eine andere. Leichter. Als wäre da Luft an einer Stelle, wo sonst nur Druck war.

Arne stand langsam auf, streckte sich, schlurfte barfuß in den Flur. Er wollte nur seinen Hoodie vom Haken nehmen, doch dann spürte er es unter seiner Fußsohle: etwas Weiches, Kleines.

Er bückte sich. In der Hand: ein zerknittertes Stofftaschentuch.

Alt. Mit Spitze am Rand. Und einem winzigen, ausgefransten Kreuz in der Ecke, mühsam eingestickt, die Fäden leicht gelöst, als hätte es viele Waschgänge hinter sich. Er erkannte es sofort. Es war eines dieser Stofftücher, die Oma nie hergab, auch als es längst Papiertaschentücher gab. Sie hatte es „mein Gebetsanker" genannt.

„Immer in der Jackentasche", hatte sie gesagt. „Wenn ich's berühr, bete ich. Und wenn ich nicht weiß, was ich sagen soll, reicht manchmal schon das Anfassen."

Er hatte damals gelacht. Leise. Nicht spöttisch. Aber kindlich. Und sie hatte ihm trotzdem eines geschenkt. „Falls du's mal brauchst, und ich nicht da bin."

Er hatte es nie benutzt. Vermutlich hatte sie es in die Kiste gepackt, ohne dass er es merkte. Vielleicht in der Hoffnung, dass es sich irgendwann doch in seine Hände verirrt.

Jetzt lag es da. In seinen Händen. Warm von seinem Griff. Und er spürte ein Ziehen in der Brust, zart, aber eindringlich.

Er trat ans Fenster. Draußen war die Straße nass, spiegelte die ersten Sonnenstrahlen, die sich zögerlich durch das Wolkenband schoben. Autos rollten vorbei. Zwei Kinder rannten dem Bus hinterher.

Arne hielt das Tuch fester. Das Kreuz schien ihn anzusehen.

Er dachte an den Satz aus dem Buch: „Er weiß es noch nicht, aber Du weißt es, Herr Jesus."

Und dann, ganz unvermittelt, kam der nächste Gedanke, nicht wie eine Eingebung, sondern wie eine Erinnerung, die nur darauf gewartet hatte, dass er still genug wurde, um sie zu hören:

Vielleicht ist Gott nicht weg. Vielleicht ist er nur dort, wo ich nie hingeschaut habe. Er legte das Tuch behutsam auf die Kommode. Faltete es, ohne zu wissen, warum. Dann nahm er den Schal, legte ihn sich um und trat hinaus in den Tag.

Er wusste nicht, was auf ihn wartete.

Aber er spürte: Er war nicht mehr ganz allein unterwegs.

Die Stimme im Gedicht

Am Abend kehrte Arne früher heim als sonst. Er hatte einen Termin abgesagt, ohne es jemandem zu erklären. Einfach, weil er spürte, dass es einen anderen Raum gab, der gerade wichtiger war als das Nächste, das Dringende, das Funktionieren.

Die Wohnung begrüßte ihn mit Stille. Nicht kalt, nicht fremd. Eher wie ein Ort, der ihn nicht drängte, sondern wartete.

Er legte den Schal auf den Sessel, zog den Karton vom Regal, in dem das Notizbuch gelegen hatte, und begann erneut zu stöbern. Diesmal nicht suchend, sondern lauschend.

Zwischen zwei dicken Briefumschlägen fiel ihm ein loses Blatt Papier entgegen. Es war gefaltet, brüchig an den Kanten, mit Bleistift beschriftet. Keine Überschrift. Kein Name darunter. Nur ein Gedicht. Ihre Handschrift, unsicher, aber liebevoll. Als hätte sie nicht gewusst, ob es jemand je lesen würde.

Er setzte sich auf den Boden, Rücken an die Couch gelehnt, das Papier in beiden Händen. Und begann zu lesen:

Wenn der Tag schwer ist, wie nasser Schnee, und das Herz müde, ohne Grund, dann hör hin, mein Kind, ganz leise, da spricht Er oft, mit einem Mund, den du nicht kennst, in einem Wind, der nicht laut ist, aber dich findet. Wenn du nichts mehr glauben kannst, glaube reicht. Wenn du nicht beten kannst, dein Schweigen reicht. Wenn du nicht mehr hoffen kannst, dann leih dir meine Hoffnung. Denn ich habe dich in Maschen gelegt, aus Wolle, aus Worten, aus warmem Gebet. Und ich weiß, Er hört, auch wenn du noch nicht rufst.

Arne schluckte. Mehrmals. Das Blatt bebte leicht in seinen Fingern, obwohl der Raum windstill war.

Er kannte solche Gedichte nicht. Nicht von ihr. Sie war keine Frau großer Worte gewesen. Keine Rednerin, keine Briefeschreiberin. Aber hier, auf diesem Papier, hatte sie gesprochen wie jemand, der wusste, dass Worte bleiben können, wenn der eigene Atem schon längst gegangen ist.

Er las die Zeilen noch einmal. Besonders die letzte.

„Er hört, auch wenn du noch nicht rufst."

Er wusste nicht, ob das wirklich stimmte. Ob er das glauben konnte. Aber etwas in ihm wollte es hoffen.

Und vielleicht, so dachte er, ist das der erste Schritt.

Nicht wissen.

Aber hoffen wollen.

Er faltete das Gedicht sorgfältig zusammen, legte es ins Notizbuch und das Notizbuch zurück auf den Tisch. Dann griff er nach dem Schal, zog ihn eng um seinen Hals. Und sprach kein Wort. Aber in ihm war etwas still geworden.

Nicht leer.

Einfach nur still.

Der Brief, den er nie bekam

Am Samstagmorgen schob sich ein dünner Lichtstreifen durch die Vorhänge. Arne war früh wach, obwohl es keinen Wecker gab. Kein Termin, kein Grund. Nur dieses Gefühl, dass der Tag mehr war als eine weitere Schleife im Alltag.

Er stand auf, zog den Schal über, obwohl es in der Wohnung nicht kalt war. Es war ihm zur Gewohnheit geworden, oder eher zu einer Geste. Wie eine stillschweigende Verbindung.

Der Karton stand noch offen im Wohnzimmer. Ein paar lose Papiere, eine leere Brillenhülle, ein zusammengelegter Einkaufsbeutel mit Blümchenmuster. Er hatte ihn fast übersehen, den schmalen, cremefarbenen Umschlag, der zwischen zwei Büchern geklemmt war. Kein Absender. Keine Briefmarke. Nur sein Name in Omas Handschrift:

„Für Arne"

Er hielt ihn einen Moment lang einfach nur in der Hand. Als wäre er zu leicht für das, was er vielleicht in sich trug. Dann öffnete er ihn vorsichtig, nahm das zusammengefaltete Papier heraus. Drei Seiten. Datumsfrei. Keine Floskeln.

Nur ihre Stimme. Klar, warm, ohne Umweg:

Mein lieber Arne,

wenn du das hier liest, bin ich wahrscheinlich nicht mehr da, zumindest nicht so, wie du es kennst. Aber wenn Gott wirklich so ist, wie ich ihn mein Leben lang gespürt habe, dann bin ich nicht weit.

Ich schreibe dir diesen Brief nicht, weil ich glaube, dass du mich vermissen wirst. Sondern weil ich glaube, dass du dich selbst vermissen könntest, irgendwann. Den Teil in dir, den du als Kind hattest. Der geträumt hat, der gefragt hat, der geglaubt hat, dass Gutes passiert.

Ich weiß, das Leben hat seinen eigenen Ton. Und manchmal ist es laut. Und manchmal leer. Ich war auch oft müde. Aber nie ohne Hoffnung. Nie ohne dieses Flüstern, dass da jemand ist, der weiß, wer ich bin, auch wenn ich's selbst manchmal vergessen hab.

Ich hab oft für dich gebetet. Nicht, damit dir nichts passiert. Sondern damit du nicht hart wirst. Und wenn du's doch wirst, dann wünsch ich dir, dass etwas in dir weich bleibt.

Wenn du den Schal trägst, ja, den da! Dann weißt du vielleicht schon, warum ich ihn dir gestrickt habe. Nicht nur, weil du immer gefroren hast. Sondern weil ich wollte, dass du dich erinnert fühlst.

An mich.

An dich.

An Gott.

Und wenn du mal nicht weißt, wohin mit deiner Sehnsucht: dann fang einfach an, sie auszusprechen. Leise. Ganz ehrlich. Jesus kann mit allem umgehen, außer mit Schweigen, das nicht mehr fühlen will.

Ich hab dich lieb.

Schon immer.

Und ich glaub, du wirst deinen Weg finden.

Egal wie weit er sich anfühlt.

Deine Oma

Als Arne den Brief zu Ende gelesen hatte, wusste er nicht, wie lange er einfach nur dasaß.

Der Schal lag schwer auf seinen Schultern. Seine Hände zitterten leicht. Aber nicht vor Kälte.

Er legte den Brief zurück in den Umschlag, faltete ihn nicht. Streichelte einmal über die Schrift, als könnte er dadurch noch einen letzten Herzschlag spüren.

Dann stand er auf, trat ans Fenster.

Der Himmel war hell, klar, voller Licht.

Und zum ersten Mal, seit sie nicht mehr da war, sagte er ihren Namen laut.

„Danke, Oma."

Einfach so.

Und in der Stille danach fühlte es sich an, als hätte jemand geantwortet.

Nicht mit Worten.

Aber mit Nähe.

Der Himmel über dem Marktplatz

Es war ein klarer Tag. Die Sonne stand tief, aber sie war da und das allein machte einen Unterschied. Arne hatte beschlossen, zu Fuß in die Stadt zu gehen. Ohne Ziel, einfach laufen. Sehen, was kommt.

Der Marktplatz war belebt. Menschen mit Einkaufstaschen, ein Akkordeonspieler in der Ecke, ein kleiner Stand mit frischen Brezeln. Es roch nach Kaffee, nach Winterluft, nach Leben.

Arne blieb stehen, beobachtete. Früher hätte er Kopfhörer getragen, sich abgeschottet. Heute war er offen, fast wachsam. Nicht im Kopf, im Herzen. Als würde etwas in ihm nach etwas suchen, das er nicht benennen konnte.

Dann sah er sie.

Eine ältere Frau, die an der Bordsteinkante stehenblieb. Ihr Mantel war zu dünn für diesen Tag, die Tasche zu schwer. Sie versuchte, über den kleinen Absatz zu steigen, verlor das Gleichgewicht, und stürzte.

Es geschah leise. Kein Aufprall, kein Schrei. Nur ein kurzer Moment, in dem ihr Körper nachgab, als hätte er genug.

Arne war bei ihr, noch bevor jemand anders reagierte.

„Alles gut, ich helf Ihnen", sagte er und kniete sich neben sie. Seine Hände unter ihren Armen, vorsichtig, achtsam. Ihre Tasche war zur Seite gerutscht, Orangen rollten über das Pflaster.

„Dummer Fuß", murmelte sie. „Immer wenn ich's eilig hab."

Arne lächelte, sammelte die Orangen ein, half ihr auf.

„Können Sie stehen?"

„Ja, ja. Ich brauch nur eine Minute."

Er hielt sie noch ein wenig fest. Sie atmete schwer, aber sie nickte.

Dann sah sie ihn an. Direkt. Und sagte:

„Der Herr schickt zur rechten Zeit."

Ein einfacher Satz.

Aber er ging durch ihn hindurch wie Wind durch ein offenes Fenster.

Er wusste nicht, ob sie es einfach so gesagt hatte, oder ob sie spürte, dass es mehr war. Aber es traf ihn. Mitten in das, was in ihm langsam zu wachsen begann.

Er half ihr bis zur Bank am Rand des Platzes. Sie bedankte sich, lächelte müde, wischte sich die Hände an einem alten Taschentuch ab.

Er verabschiedete sich, ging weiter, aber die Worte blieben. Hingen an ihm wie der Schal, den er heute enger als sonst um sich geschlungen hatte.

„Zur rechten Zeit."

Er dachte an das Gedicht. An den Brief. An das kleine Gebet, das noch immer in seinem Kopf nachklang.

Vielleicht war es das.

Vielleicht war das heute die rechte Zeit gewesen.

Nicht für ein Wunder.

Aber für einen Satz, der traf.

Und einen Schritt weiter.

Winterlicht

Arne wachte auf, bevor der Wecker klingelte.

Es war noch früh, die Welt draußen lag in einem zarten Grau, das nur andeutete, dass bald Morgen sein würde. Kein Geräusch, kein Vogel, nicht einmal das Brummen der Müllabfuhr. Nur Stille. Und Licht, das langsam durch das Fenster kroch.

Er stand auf, trat ans Fenster. Der Himmel war klar. Über den Dächern zog ein Streifen Orange entlang, als hätte jemand mit weichem Pinsel über die Dunkelheit gemalt.

Arne zog den Schal über die Schultern, nicht weil ihm kalt war, sondern weil es sich richtig anfühlte. Er war weich geworden mit der Zeit, vertrauter noch. Fast wie eine Geste. Wie ein stilles Gespräch.

Er lehnte sich an den Fensterrahmen, eine Tasse Kaffee in der Hand. Der erste Schluck war noch heiß, kräftig, bitter. Aber genau richtig.

Und dann geschah etwas, das er nicht erwartet hatte.

Kein Geräusch. Kein Bild. Kein Satz.

Nur ein Gefühl.

So, als würde etwas in ihm antworten. Ohne Worte. Ohne Beweis. Nur da. Still. Und warm.

So wie das Licht, das langsam den Raum füllte, Schrankkanten glättete, Teppichfasern zum Glimmen brachte, die Schatten in goldene Ränder verwandelte.

Er erinnerte sich an ein Gespräch mit seiner Großmutter, er war damals kaum älter als zehn gewesen. Es war ein Samstagmorgen, sie hatte gerade das Frühstück gemacht, und er hatte gefragt:

„Oma, woher weiß man eigentlich, dass Gott da ist?"

Sie hatte keine große Antwort gegeben. Kein Zitat. Kein Vortrag.

Nur:

„Wenn du irgendwann spürst, dass du nicht mehr allein denkst, dann fang an zu zuhören."

Damals hatte er gelacht, ohne zu verstehen.

Heute verstand er ein wenig mehr.

Es war nicht laut, dieses Spüren. Kein göttliches Blitzen. Kein himmlisches Dröhnen.

Aber es war da.

Ein Dazwischen.

Ein Sanftwerden.

Ein Aufatmen an einer Stelle, wo lange nur Druck gewesen war.

Er atmete tief ein. Blickte hinaus auf die Dächer, auf die zarten Rauchfahnen, die aus den Kaminen stiegen.

Dann sagte er leise, nicht wie ein Bekenntnis, eher wie ein inneres Zuzwinkern:

„Ich seh dich nicht. Aber ich glaub, ich spür dich."

Er wusste nicht, an wen genau er das sagte.

Aber er meinte es.

Und vielleicht, das spürte er, war das genug für heute.

Was Hände hinterlassen

Es war einer dieser Nachmittage, an denen die Zeit langsamer verging. Arne hatte früher Schluss gemacht, ein Stapel Arbeit blieb auf dem Schreibtisch zurück, aber das war ihm heute egal. Es gab Wichtigeres. Etwas, das ihn rief, nicht laut, aber deutlich.

Er holte den Schal aus dem Flur, legte ihn auf den Esstisch, so vorsichtig, als wäre er aus feinem Porzellan. Dann setzte er sich davor. Einfach so. Ohne Plan. Ohne Eile.

Er strich mit der Hand über das Strickmuster. Jede Masche ein eigener kleiner Hügel, ein geordnetes Auf und Ab. Er hatte sich nie wirklich damit beschäftigt. Es war eben ein Schal gewesen. Nützlich. Alt. Voller Erinnerung, ja, aber mehr nicht.

Doch heute sah er anders hin.

Er sah die kleinen Unregelmäßigkeiten, dort, wo sie sich wohl gestrickt hatte, obwohl die Hände schon schmerzten. Die leichten Farbabweichungen, wo offenbar ein anderes Knäuel eingefügt worden war. Ein Knoten. Eine Reihe, die sich anders anfühlte. Fester. Oder vielleicht: bewusster.

Er beugte sich vor, hielt den Schal nahe ans Licht.

Und dann dachte er: Sie hat das gemacht. Mit ihren Händen. Bis zum Schluss.

Er erinnerte sich an ihre Finger. Krumme Gelenke, trockene Haut, immer nach Lavendelcreme duftend. Und an die Art, wie sie beim Stricken die Nadeln hielt, mit einer Selbstverständlichkeit, als gehörten sie zu ihr wie ihre Stimme.

Sie hatte gestrickt, wenn er schlief. Wenn sie wartete. Wenn sie zuhörte. Wenn sie betete.

Und plötzlich war er sicher: Sie hatte diesen Schal nicht einfach nur für ihn gemacht. Sie hatte ihn hineingelegt, alles, was sie ihm nicht mehr sagen konnte. Alles, was sie ihm wünschte.

„Wenn du ihn trägst, dann erinner dich: Ich hab dich nie losgelassen."

Er hörte ihren Satz in Gedanken. Vielleicht hatte sie ihn nie ausgesprochen. Und doch war er da.

Was hinterlassen Hände?

Nicht nur Gegenstände. Nicht nur Briefe oder Bilder.

Manchmal hinterlassen sie Wärme.

Arne saß noch lange am Tisch. Der Schal lag über seinen Unterarmen. Und es fühlte sich an, als läge noch immer etwas von ihr darin. Nicht Geisterhaftes. Nicht Übersinnliches. Nur Nähe.

Er dachte an die Bibelverse, die sie gesammelt hatte. An die Maschen, die sie gebetet hatte. An ihre ruhige Stimme, wenn sie sagte: „Du bist gemeint. Auch wenn du's noch nicht weißt."

Dann stand er auf. Faltete den Schal wieder ordentlich. Und legte ihn auf den Stuhl neben das Fenster. So, wie sie ihn früher immer hingelegt hatte, wenn er zu Besuch kam.

Ein Platz.

Ein Zeichen.

Ein stilles Weitergeben.

Der Tag des Schweigens

Der Wind war kalt an diesem Tag. Nicht unfreundlich, aber klar. So wie ein Mensch, der nicht schmeichelt, sondern ehrlich ist.

Arne stand am Rand des kleinen Friedhofs. Die Mütze tief ins Gesicht gezogen, die Hände in den Manteltaschen. Der Schal lag um seinen Hals, als gehörte er dahin. Nicht nur wegen der Kälte. Sondern weil es ohne ihn nicht richtig gewesen wäre.

Er war lange nicht hier gewesen. Seit der Beerdigung, eigentlich. Damals hatte er nur funktioniert. Blumen hingelegt, Hände geschüttelt, den Pfarrer genickt, als der von Hoffnung sprach. Es war zu viel gewesen. Zu schnell. Zu endgültig.

Heute war anders.

Heute war still.

Er ging langsam den Weg entlang, vorbei an Namen, die ihm nichts sagten. Menschen, die gelebt hatten, geliebt hatten, gebetet vielleicht, oder auch nicht. Alle lagen sie unter dieser Erde. Und irgendetwas an diesem Gedanken tröstete ihn.

Das Grab war schlicht. Der Stein hellgrau, glatt, mit eingraviertem Kreuz. Kein Spruch, keine Schnörkel. Nur ihr Name. Und zwei Jahreszahlen. Dazwischen ein kleiner Bindestrich, und Arne dachte, wie seltsam das war: Ein ganzes Leben in einem Strich.

Er blieb stehen. Sagte nichts.

Der Wind fuhr durch die Bäume, ließ das Laub rascheln. Eine Amsel hüpfte über den Kiesweg, sah ihn kurz an, als prüfe sie, ob er blieb.

Er blieb.

In seiner Tasche spürte er das alte Taschentuch, das sie ihm hinterlassen hatte. Und in der Brust diesen Satz aus dem Brief:

„Ich glaub, du wirst deinen Weg finden. Egal, wie weit er sich anfühlt."

Er wusste nicht, ob er ihn schon gefunden hatte. Aber er ging ihn.

Und das war vielleicht ein Anfang.

Seine Augen fielen auf den Schal. Auf die Maschen. Auf das, was geblieben war.

Dann trat er einen Schritt näher, kniete sich hin, legte die Hand auf den Stein. Kein Gebet. Keine Rede. Nur ein Satz. Ein ehrlicher.

„Danke, Oma."

Mehr nicht.

Aber es reichte.

Der Wind wurde leiser.

Arne stand auf, zog den Schal etwas fester. Und lächelte. Ganz leicht.

Dann drehte er sich um. Und ging.

Nicht weg.

Sondern weiter.

Der leere Stuhl

Er hatte lange davor gestanden.

Vor dem schlichten, weißen Aushang mit der Aufschrift: „Offener Abend, Zuhören. Reden. Stillsein. Für alle."

Keine großen Worte. Kein Kreuz. Keine frommen Floskeln. Nur das. Und daneben ein Fenster, durch das man warme Lichter sehen konnte, Stühle im Kreis, eine kleine Kanne Tee auf dem Tisch. Nichts Besonderes. Und genau deshalb war es ihm nicht gleichgültig.

Arne hatte keine Einladung bekommen. Niemand hatte ihn gedrängt. Es war eher so gewesen, dass er vor ein paar Tagen an diesem Gemeindehaus vorbeigekommen war, wie zufällig, wie geführt. Der Schal um den Hals, der Blick ins Fenster. Und etwas in ihm hatte geflüstert: Vielleicht einfach mal sitzen.

Heute war er gekommen.

Nicht, weil er bereit war. Sondern weil er neugierig war, ob es einen Ort gab, an dem sein Schweigen nicht nur toleriert, sondern gehalten wurde.

Er trat ein. Leise. Zog die Tür hinter sich zu. Eine Frau in einem senfgelben Pullover nickte ihm zu, nicht aufdringlich, nur willkommen heißend.

„Du kannst dich einfach irgendwo hinsetzen", sagte sie. „Es gibt keine Reihenfolge."

Er nickte zurück. Zog sich den Schal nicht aus. Nicht heute.

Der Raum war warm, nicht nur wegen der Heizung. Es war diese Art von Wärme, die aus Gesichtern kam, aus Blicken, aus der Art, wie niemand den anderen zu lange ansah, und doch sah.

Er setzte sich. Ein Stuhl war frei, nicht direkt in der Mitte, aber auch nicht ganz außen. Neben ihm lag ein kleines Kissen. Daneben eine Kerze, unangezündet.

Niemand redete viel. Manche schauten auf den Boden. Einer spielte leise mit einer Teetasse. Eine ältere Frau faltete die Hände, ohne zu beten.

Dann sagte jemand in der Runde: „Wir müssen nichts sagen. Aber wer mag, darf."

Es entstand eine Pause.

Und Arne spürte, wie gut das tat.

Einfach sitzen. Atmen. Zuhören. Nichts leisten. Nichts erklären. Kein Glaube, der beweisen wollte. Nur Gegenwart.

Und dann sah er den Stuhl gegenüber. Leer. Unbesetzt. Nicht traurig. Einfach da.

Und er erinnerte sich an das, was seine Großmutter mal gesagt hatte, kurz vor ihrem letzten Krankenhausaufenthalt:

„Manchmal ist es ein Zeichen von Glaube, einfach nur aufzutauchen. Sich hinzusetzen, wo man noch nichts fühlt. Und trotzdem da zu sein."

Er verstand jetzt, was sie gemeint hatte.

Der Stuhl war leer. Und zugleich: nicht leer.

Denn er selbst hatte Platz genommen.

Zum ersten Mal seit langer Zeit.

Und er spürte: Es musste nicht mehr sein als das.

Noch nicht.

Aber auch: nicht weniger.

Weitergeben

Der Winter war zurückgekehrt. Nicht mit Sturm, nicht mit Kälte, die beißt. Sondern mit diesem feinen Frost auf den Straßenlaternen, dem Atem, der sichtbar wird, und dem Geräusch von Schuhen im Schnee, gedämpft, wie von Watte umhüllt.

Arne stand auf dem Bahnsteig. Früher Morgen, fast noch Nacht. Der Zug hatte Verspätung, Menschen warteten, manche mit Kaffeebechern, andere in sich zusammengesunken, schlaftrunken, schweigend. Arne stand am Rand, den Schal wie immer umgelegt, tief ins Gesicht gezogen. Er war älter geworden, dieser Schal. Weicher. Oder vielleicht war es Arne, der weicher geworden war.

Er bemerkte ihn erst, als der Junge an der Wand langsam zu Boden rutschte.

Vielleicht zwanzig, vielleicht jünger. Die Kapuze tief ins Gesicht gezogen, die Jacke zu dünn, die Augen rot vom Wachen, oder vom Weinen. Neben ihm ein zerschlissener Rucksack, nichts weiter.

Arne zögerte.

Dann trat er näher.

„Alles in Ordnung?", fragte er leise.

Der Junge hob den Kopf. Nickte. Dann schüttelte er ihn. „Ich… ja. Ich warte nur. Irgendwie."

Arne sah ihn an. Dann auf den Schal um seinen Hals. Spürte, wie der Wind schärfer wurde. Und dann, ohne nachzudenken, ohne Pathos, nur aus einer inneren Klarheit heraus, löste er den Schal, faltete ihn einmal, und reichte ihn dem Jungen.

„Hier."

Der Junge sah ihn erstaunt an. Zögerte.

„Ich kann das nicht annehmen."

„Doch. Kannst du."

„Aber…"

„Er hat schon einmal jemanden warm gehalten", sagte Arne. „Ich glaub, er kann das nochmal."

Der Junge nahm den Schal. Langsam. Vorsichtig. Wie etwas, das zu wertvoll ist, um es einfach so zu besitzen. Er sah Arne an, der nur nickte. Dann lächelte der Junge, kaum merklich.

„Danke."

Arne erwiderte nichts. Er musste es nicht. Denn in ihm war etwas ruhig geworden. Nicht abgeschlossen, aber rund.

Er drehte sich um, sah in den grauen Himmel über den Gleisen.

Ein Schal wärmt mehr als nur den Hals.

Oma hätte das gewusst.

Und vielleicht, ganz vielleicht, schaute sie gerade zu. Nicht aus dem Himmel. Sondern durch jede Masche, die sie damals gestrickt hatte.

ENDE

Zeitfracht Medien GmbH
Ferdinand-Jühlke-Straße 7
99095 Erfurt, Deutschland
produktsicherheit@kolibri360.de